KLARTEXT

Bildnachweis:
Adobe Stock: © walter_bilotta: 35, © Coloures-Pic, © Maksym Yemelyanov: 39; © New Africa: 107; Getty Images/Gary Gershoff: 43; Imago Images: agefotostock: 16, Allstar: 54, 75, 77, Apress: 10, BRIGANI-ART: 109, CTK Photo: 11, Everett Collection: 81, Future Image: 11 u., 13, 60, 79, Matrix: 10, PA Images: 10, PicturePerfect: 10, Prod.DB: 33, Reporters: 8/9, shotshop: 12/13, teutopress: 68, The Photo Access: 98/99, UPI Photo: 111, ZUMA Globe: 72/73, ZUMA Press: 96, ZUMA Wire: 11, 22/23, 51, 67, 91, Picture alliance: AP Photo/Evan Agostini: 83, Arcaid/Martin Jones: 87, Capital Pictures/Hollywood Photo Archiv/MPI: 19, AP/LENNY IGNELZI: 31, AP/REED SAXON: 11 m. u., PictureLux/The Hollywood Archive/The Legacy Collection: 17, REUTERS/LUCAS JACKSON: 26/27, REUTERS/AARON JOSEFCZYK: 10, RIA Novosti/Igor Mikhalev: 59, United Archives/TopFoto/91050/United_Archives/TopFoto: 56; ©Universal 2016/CMS Source: 4/5; © WEA Records: 41; Wikipedia: Americasroof, CC BY-SA 3.0 <https://creativecommons.org/licenses/by-sa/3.0>, via Wikimedia Commons: 29. Alle anderen Bilder: © Alex Gernandt.

Bibliografische Information der Deutschen Nationalbibliothek
Die Deutsche Nationalbibliothek verzeichnet diese Publikation in der Deutschen Nationalbibliografie; detaillierte bibliografische Daten sind im Internet über portal.dnb.de abrufbar.

Impressum
2. Auflage Februar 2022
Layout und Satz: Guido Klütsch, Köln
Umschlagabbildungen: Adobe Stock: © bscorelli (New Jersey), © Jacek Chabaszewski (Pizza), © New Africa (Doktorhut), Imago/motivio (Hall of Fame), pa/Frydryk Gabowicz (JBJ), Mark Harkin, CC BY 2.0 <https://creativecommons.org/licenses/by/2.0>, via Wikimedia Commons (Flugzeug)
Druck und Bindung: Linsen Druckcenter GmbH, Siemensstraße 12–14, 47533 Kleve

© Klartext Verlag, Essen 2022
ISBN 978-3-8375-2408-6

KLARTEXT
Jakob Funke Medien Beteiligungs GmbH & Co. KG
Jakob-Funke-Platz 1, 45127 Essen
info.klartext@funkemedien.de
www.klartext-verlag.de

Alex Gernandt

Bon Jovi

**Populäre Irrtümer
und andere Wahrheiten**

Inhalt

- 6 Zum Geleit
- 8 Zahlen & Fakten
- 10 Bon Jovi auf einen Blick
- 12 Robin Hood Drive
- 16 Onkel Sinatra?
- 18 Erweckung in Erie
- 19 King, Boss, Rocketman
- 22 Im Musikparadies
- 26 Auf der „Überholspur"
- 28 Cooler Cousin
- 31 Jagger und die Frösche
- 32 Von „Star Wars" zu „Runaway"
- 35 Sardellen?
- 38 Pizza-Connection
- 40 Der Song-Doctor
- 44 „Tommy" statt „Johnny"
- 46 Müllsack-Kunst?
- 48 1986: Das Jahr des Durchbruchs
- 50 Cher rockt!
- 53 Der Ladies Man
- 57 Woodstock-Ost
- 60 „Little" Giveaway
- 62 House for Sale!
- 65 Die besten Coversongs

66	In Love mit Schwarzgurt-Dacki	95	Rock'n'Royal
68	Heiße Weihnacht!	97	Rockstars & Politiker
70	Im Alleingang	101	Das „Kompliment"
74	Neue Ufer	102	Big Business
76	Der verwehrte Traum	104	Vom Millionär zum Tellerwäscher
78	Eine haarige Situation	106	Dr. h.c. Jon Bon Jovi
80	Leb dein Leben!	108	Richies Aus
82	„Max"imaler Erfolg	110	Ruhmeshalle
86	Abrissparty!	113	Bon Jovi. Eine Zeitreise.
88	Skandal um tauchende Pferde	117	Das Quiz für echte Bon Jovi-Experten
90	Weltstars als Vorgruppe	120	Zitate
92	Über den Wolken		

Zum Geleit

Vom Smalltown Boy zum Stadionrocker und „King of Glam Metal"! Das ist die Story von John Bongiovi aka Jon Bon Jovi. Er hatte einen Traum – und lebt ihn. Aus dem „Hair-Rocker" und Mädchenschwarm der 1980er Jahre wurde nicht nur ein respektierter Bandleader und Songwriter, ein „Elder Statesman" des Rock mit besten Kontakten in die Politik, sondern auch ein vierfacher Vater mit intakter Familie und ein Multiunternehmer, der sich dazu unermüdlich sozial engagiert. Das US-Magazin Billboard zählt „JBJ" heute zu den „most powerful and influential people in the music business"!

Alles begann in den frühen 1980ern in Sayreville, New Jersey, einer Kleinstadt vor den Toren New Yorks: Nach Startschwierigkeiten gelang es Jon schließlich, eine Band zu gründen, mit Hits

Eine langjährige Verbindung – der Autor und Bon Jovi
in den Jahren 1988, 1990, 2005 und 2016

wie „Runaway", „Livin' On A Prayer", „Always" oder „It's My Life" Millionen Fans weltweit zu begeistern und mit energiegeladenen Liveshows jede Konzertarena in eine riesige Partyzone zu verwandeln – egal ob in München, Melbourne, Moskau oder Minneapolis.

„It's my Life / it's now or never ..." – der Megahit ist auch biografisch zu verstehen: Nutze deine Zeit! Nutze deine Chancen! Jetzt oder nie! Genau das tat Johnny Bongiovi, der italo-amerikanische Kleinstadtjunge mit den großen Plänen: von der Working Class zur Extraklasse, und das skandalfrei! Über eine Milliarde Mal wurde der Videoclip zu „It's My Life" bei YouTube mittlerweile angeklickt. Nicht nur deshalb zählt Jon mit Bon Jovi zu den größten Rockbands aller Zeiten.

Zahlen & Fakten

5 Bands hatte Jon vor Bon Jovi: Raze, The Lechers, Atlantic City Expressway, The Rest und John Bongiovi & The Wild Ones.

15 Studioalben veröffentlichte die Band seit 1984. Das bislang letzte trägt den Titel „2020" (und erschien im selben Jahr).

1533 Mal performten Bon Jovi „Livin' On A Prayer" bei ihren Konzerten (Stand Juli 2021).

130.000.000 Tonträger verkauften Bon Jovi weltweit. Das erfolgreichste Album bleibt „Slippery When Wet" mit knapp **30 Millionen Exemplaren**. Es zählt zu den 100 meistverkauften Alben in den USA.

In **8 Ländern** war „It's My Life" Platz 1 der Charts, u.a. in Belgien, Spanien, Österreich und der Schweiz. In Deutschland schaffte es die Nummer auf **Platz 2**, in den USA in die Top 40.

39 ist die Top-Chartplatzierung der allerersten Bon-Jovi-Single „Runaway" im Frühjahr 1984 in den USA.

0 Nummer-1-Hits haben Bon Jovi in Großbritannien, dem Mutterland des Pop, bislang vorzuweisen, dafür aber **18 Top-10-Singles**.

2 Soloalben hat Jon Bon Jovi aufgenommen: „Blaze Of Glory", den Soundtrack zum Western „Young Guns II – Flammender Ruhm" (1990), sowie „Destination Anywhere" (1997).

3 Tattoos zieren JBJs Körper: ein „Superman"-Logo (linker Arm), ein Stierkopf (rechter Arm) und ein Drachen (linker Knöchel).

50 most beautiful **People** in the World – so nennt sich die Liste, die das US-Magazin People alljährlich veröffentlicht. Jon war im Jahr 1996 darin vertreten.

Mehr als 2700 Konzerte vor 34 Millionen Fans haben Bon Jovi in ihrer Karriere bisher auf **17 Tourneen in 50 Ländern** der Erde gegeben.

17 Konzerte umfasste die Deutschland-Tour von Bon Jovi zum Album „These Days" 1995.

15,24 Zentimeter ist die Actionfigur von Jon Bon Jovi groß, die McFarlane Toys auf den Markt gebracht hat. Im Vergleich: Die „Batman"-Figur bringt es auf 18 Zentimeter.

1.400.000 Follower zählt der offizielle Instagram-Account von Bon Jovi.

1.000.000.000 (in Worten: **eine Milliarde!**) Views erreichte der Videoclip zu „It's My Life" im Juni 2021 auf YouTube.

Bon Jovi auf einen Blick

JON BON JOVI
Geboren am 2. März 1962 als John Francis Bongiovi in Perth Amboy, New Jersey. Seit 1983 Sänger, Gitarrist, Songwriter, Frontmann, Mastermind, Gründer und Namensgeber von Bon Jovi.

DAVID BRYAN
Geboren am 7. Februar 1962 als David Bryan Rashbaum in Perth Amboy, New Jersey. Seit 1983 Keyboarder und Backgroundsänger. Bester Freund von JBJ seit Jugendtagen.

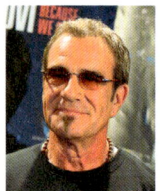

TICO TORRES
Geboren am 7. Oktober 1953 als Hector Samuel Juan Torres in New York City. Seit 1984 Drummer bei Bon Jovi, nebenbei auch erfolgreich als Kunstmaler und Modeunternehmer („Rock Star Baby").

RICHIE SAMBORA (bis 2013)
Geboren am 11. Juli 1959 als Richard Stephen Sambora in Perth Amboy, New Jersey. Gitarrist, Songwriter und Backgroundsänger, von 1983 bis 2013 bei Bon Jovi.

ALEC JOHN SUCH (bis 1994)
Geboren am 14. November 1951 in Yonkers, New York. Mitgründer und Bassist von Bon Jovi von 1984 bis 1994. In seinem früheren Leben Schuhverkäufer.

HUGH McDONALD (seit 1994)
Geboren am 28. Dezember 1951 in Philadelphia. Gefragter Studiomusiker, seit 1994 als Bassist (Ersatz für Alec John Such) bei Bon Jovi, seit 2016 offiziell. Spielte schon auf dem „Runaway"-Demo Bass.

PHIL X (seit 2011)
Geboren am 10. März 1966 als Theofilos Xenidis in Toronto, Kanada. Der griechischstämmige Gitarrist spielt seit 2011 bei Bon Jovi und ersetzte 2016 endgültig Leadgitarrist Richie Sambora.

JOHN SHANKS
Geboren am 18. Dezember 1964 in New York City. Früher Gitarrist von Melissa Etheridge, seit 2016 in der Tourband von Bon Jovi. Er produzierte u.a. auch die Alben „Have A Nice Day", „Lost Highway", „The Circle", „What About Now" und „2020".

EVERETT BRADLEY
Geboren am 16. März 1963 in Greenwood, South Carolina. War Percussionist und Backing-Vocalist bei Bruce Springsteens E Street Band. 2003 erstmals bei Bon Jovi und seit 2016 wieder auf Tourneen dabei.

Robin Hood Drive

Blaumachen für Rock'n'Roll! In seinem Elternhaus in Sayreville, New Jersey, träumte Jon davon, Rockstar zu werden. Die Gitarrenstunden waren ihm deutlich wichtiger als die Schule …

Es ist eine überschaubare Kleinstadt vor den Toren New York Citys, in der Jon Bon Jovi als John Francis Bongiovi aufwächst: Sayreville, New Jersey, am Raritan River gelegen, rund 45.000 Einwohner. Hier, im Ortsteil Parlin, am Robin Hood Drive Nr. 16, liegt das Einfamilienhaus, in dem Jon groß wird – mit Vater John (eigentlich Giovanni), aus Sciacca auf Sizilien stammend und von Beruf Friseur, und Mutter Carol, Ex-Playboy-Bunny, Floristin deutschrussischer Abstammung. Die Eltern hatten sich einst bei der US-Marineinfanterie kennengelernt, der sie beide dienten. Und da sind noch die beiden jüngeren Brüder Anthony „Tony", geboren 1964, und Nachzügler Matthew genannt „Matty", der 1974 zur Welt kam. In dem hellen Haus mit Carport und gepflegtem Vorgarten am Robin Hood Drive liegt der Ursprung von Jons Weltkarriere, die er später mit seiner Band Bon Jovi machen wird – und mit der wirklich niemand in seinem persönlichen Umfeld gerechnet hätte. Stundenlang saß Jon in seinem Zimmer und hörte Platten von den Beatles, Elvis, den Stones, Led Zeppelin, Aerosmith, Elton John, Rush und Bruce Springsteen, oft auch mit guten Freunden wie David „The Snake" Sabo, der später die Band Skid Row gründen würde, David Bryan Rashbaum, der als Keyboarder in Jons Band landen würde und Pete Mantas, der Jons erster „Manager" werden würde. Gemeinsam bewunderten sie die großen Rockstars. Für ihr Talent, für ihren Fame. Aber das Rampenlicht war damals ganz weit weg. Noch.

Dabei hatte Jon seinen ersten Schritt in Richtung Musiker längst getan. Als er sieben war, brachte seine Mutter eine Gitarre für ihn mit nach Hause. Eine Parallele übrigens zu seinem Idol Elvis Presley: Auch der „King" hatte seine erste Gitarre von seiner Mutter geschenkt bekommen. Die ersten Gitarrenstunden erhielt Jon alsbald von einem ziemlich betagten, Pfeife rauchenden Lehrer. „Der ganze Raum stank nach Rauch und der Unterricht langweilte mich extrem, das machte echt keinen Spaß", erinnert sich Jon. Die Klampfe verstaute er frustriert im Keller und fasste sie erstmal nicht wieder an. Einige Jahre später, Jon war nun 13, änderte sich das. Ein Typ namens Al Parinello war ins Haus gegenüber gezogen. Er spielte Gitarre in einer Band und verdiente sein Geld damit, in Clubs, bei Hochzeitsfeiern und auf Partys aufzutreten. Ein großartiger Typ. Jon freundete sich mit ihm an und spürte durch ihn und sein Spiel plötzlich eine Art „Magie der Töne". Al zeigte Jon nicht nur Fingerübungen, sondern auch, wie man ganze Songs spielt. „The House Of The Rising Sun", jener Kultsong von The Animals, war das erste Stück, das Al Jon auf den sechs Saiten beibrachte, gefolgt von Thin Lizzys „The Boys Are Back In Town". Jon war begeistert. Dabei war Al ein durchaus strenger Lehrer, er pushte und forderte Jon, der beileibe kein musikalisches Naturtalent war, wie er selbst zugibt. Doch er übte jeden Tag und wurde besser, dank Al, der ihn immer wieder motivierte. Die Gitarrenstunden waren Jon weit wichtiger als die Schule,

oft machte er einfach blau, um sich auf die Musik zu konzentrieren. Seine Noten fielen dementsprechend aus, aber das juckte ihn nicht. „Als Al Parinello 1995 verstarb, ritzte ich seine Initialen AP95 in meine schwarze Takamine-Gitarre ein – als Erinnerung und aus großer Dankbarkeit", sagte Jon 2018 in seiner Dankesrede bei der Aufnahme Bon Jovis in die „Rock & Roll Hall of Fame". „Ohne Al wäre ich weder Gitarrist noch Songwriter geworden."

Mit 16, also noch deutlich vor der Volljährigkeit, trat Jon dann erstmals in Clubs auf – zusammen mit David Bryan und der zehnköpfigen Coverband Atlantic City Expressway. Manchmal standen nur zehn, zwölf „Fans" vor der Bühne. Aber Jon gab Vollgas, als stünde er im Madison Square Garden. Und genau das zeichnet ihn aus.

Jon Bon Jovi ist seiner Heimat verbunden: Hier sieht man ihn bei einer Spendenfond-Pressekonferenz an der Borough Hall in seinem Heimatort Sayreville. JBJ hatte selbst eine Million Dollar gespendet, um nach der Zerstörung durch Hurrikan Sandy zu helfen.

POPULÄRER IRRTUM

Onkel Sinatra?

Hartnäckig hält sich seit Jahren das Gerücht, Jon Bon Jovi sei mit Frank Sinatra († 1998), dem berühmtesten italo-amerikanischen Sohn New Jerseys, verwandt …

Sinatra, auch als „Ol' blue Eyes" oder „Chairman of the Board" bekannt, zählt bis heute zweifelsohne zu den größten Ikonen des amerikanischen Showbusiness. Der weltberühmte Sänger und Schauspieler kam am 12. November 1915 in Hoboken, New Jersey zur Welt, das liegt gerade mal 50 Kilometer entfernt von Perth Amboy und Sayreville, wo Jon 1962 geboren wurde und aufwuchs. Mit Songs wie „Strangers In The Night", „My Way", „Fly Me To The Moon" und „New York, New York" sowie Filmen wie „Verdammt in alle Ewigkeit", „Der Mann mit dem goldenen Arm" oder „Die oberen Zehntausend" wurde Sinatra unsterblich. Ihm wurden die höchsten Ehren zuteil, 1985 bekam er für seine Verdienste gar die „Presidential Medal of Freedom" von US-Präsident Ronald Reagan verliehen.

Wohl aufgrund der italo-amerikanischen Herkunft als auch wegen des Gesang- und Showtalents tauchte irgendwann das Gerücht auf, Jon Bon Jovi sei mit Frank Sinatra blutsverwandt. Onkel Sinatra? In einem Interview mit dem Autor bezog JBJ Stellung: „Ich kann über solche Gerüchte nur lachen. Es wird unglaublich viel Quatsch geschrieben und verbreitet. Ja, mein Mittelname ist wohl Francis – und Sinatra hieß mit bürgerlichem Namen Francis Albert Sinatra. Aber bei mir kommt Francis von meinem Vater, John Francis Bongiovi Senior. Im Übrigen

behauptet in New Jersey jeder zweite Italo-Amerikaner, er sei irgendwie mit Sinatra verwandt. Bei mir ist das definitiv nicht der Fall. Und ich bin ihm auch nie begegnet. Leider."
Doch eine Nähe, einen Bezug zu Frank Sinatra gibt es allemal: Jon wurde in puncto Gesang stark von ihm beeinflusst und verehrte ihn auch für sein politisches Engagement in Sachen Bürgerrechte in den 1960er Jahren und dafür, dass er erfolgreich ein Plattenlabel, Reprise Records, auf die Beine gestellt hatte. Zur Inspiration hatte Jon auf Tourneen lange ein Foto von „Frankie" in seiner Backstagegarderobe stehen. Das Schwarzweiß-Motiv zeigte den Ausnahmesänger in jungen Jahren im Studio vor einem Mikrofon. Außerdem ließ es sich Jon nicht nehmen, Sinatra, der 1998 verstarb, posthum in einem Song zu verewigen. In „It's My Life" singt er: „My heart is like an open Highway / like Frankie said, I did it my Way ..."

Erweckung in Erie

Ein Stadionkonzert im Sommer 1976 hinterließ bei Jon Bon Jovi bleibende Eindrücke …

Familienurlaub im Sommer 1976. Jon war 14 Jahre alt. Mit seinen Eltern John Senior, Mutter Carol und den Brüdern Matthew und Anthony ging's nach Lake Erie in Pennsylvania. Der Erie-See ist einer der fünf großen Seen der USA. Dort lebte die Familie von Jons Mutter und dort kam Mum Bongiovi am 12. Juli 1940 als Carol Ann Sharkey zur Welt. Man besuchte also Opa Michael und Oma Martha (eine geborene Ludwig und deutschstämmig!). Eines Tages erblickte Jon in der Stadt ein Konzertplakat: „DOOBIE BROTHERS plus Special Guests HEART & RUSH. August 8, 1976. Erie Stadium" stand da in fetten roten Lettern drauf. Jon war zu jener Zeit Fan des kanadischen Hardrock-Trios Rush. Das musste er sehen! Er kaufte sich ein Ticket vom Ersparten – und war völlig geflasht von dem Erlebnis. Diese Riesenbühne, der bombastische Sound von Bassist/Sänger Geddy Lee, Gitarrist Alex Lifeson und Drummer Neil Peart († 2020) und der frenetische Jubel der Fans beeindruckten ihn nachhaltig. Sofort war da der Traum: Dort oben will ich auch mal stehen! Das Konzert war für Jon wie eine Erweckung: Nun war ihm endgültig klar, dass er als Profimusiker auf so einer großen Bühne rocken wollte.

„Viele Jahre später, 1987 um genau zu sein, bin ich nach Erie zurückgekehrt – mit Bon Jovi", erinnert sich Jon rückblickend. „Im Rahmen unserer ‚Slippery When Wet'-Tour spielten wir in genau diesem Stadion … als Headliner!"

King, Boss, Rocketman

Musik spielte im Leben von Jon Bon Jovi schon immer eine große, wenn nicht gar die größte Rolle. Hier ein Überblick über seine wichtigsten Vorbilder und musikalischen Einflüsse:

ELVIS PRESLEY

Der „King" (1935–1977) hat mit seinem Rock'n'Roll-Sound und seiner rebellischen Attitüde ab Mitte der 1950er Jahre die Welt verändert. „Elvis zu hören, war wie aus einem Gefängnis auszubrechen", sagte Bob Dylan. „Vor Elvis war nichts", meinte John Lennon. Und laut Leonard Bernstein war er die „größte kulturelle Kraft des 20. Jahrhunderts". Das sieht auch JBJ so. Für das Boxset-Album „100,000,000 Fans Can't Be Wrong" kopierte er 2004 das Cover-Artwork von Elvis' Album „50,000,000 Elvis Fans Can't Be Wrong" aus dem Jahr 1959. Die ganze Band trägt darauf goldene Anzüge wie einst der „King". Eine gelungene Hommage.

BRUCE SPRINGSTEEN

Der „Boss", der wie Jon aus New Jersey stammt, ist wahrscheinlich der wichtigste musikalische Einfluss – mit Alben wie „Born to Run", „The River" oder „Darkness On The Edge Of Town".

Jon und Bruce Springsteen standen schon oft gemeinsam auf der Bühne, erstmals 1980 im Fast Lane Club in Asbury Park, wo der noch unbekannte Jon mit seiner Coverband Atlantic City Expressway spielte, später u.a. beim Benefizkonzert „America: A Tribute To Heroes" zu Ehren der Opfer des 11. September oder 2012 bei einem Charity-Event für die Opfer von Hurrikan Sandy.

BOB DYLAN

Der geniale Rockpoet, 1941 geboren als Robert Allen Zimmerman in Duluth, Minnesota, ist eine Ikone – Singer-Songwriter, Lyriker und Nobelpreisträger! Ein Höhepunkt in Jons Karriere war der Auftritt mit Dylan, Joni Mitchell und Michael Hutchence (INXS, † 1997) im Todai Ji Temple in Nara, Japan, bei dem sie im Mai 1994 die Dylan-Nummer „I Shall Be Released" performten. Richie Sambora überraschte Jon vor Jahren mit einer von Dylan signierten Akustikgitarre: „To Jon – keep livin' on a Prayer. Happy Birthday 2008. Bob Dylan"

ELTON JOHN

Der „Rocketman". Einer der einflussreichsten Songwriter der Popgeschichte, allein seine Neuversion von „Candle In The Wind (In loving Memory of Diana, Princess of Wales)" zu Ehren Prinzessin Dianas († 1997) ist die meistverkaufte Single aller Zeiten. Derek Shulman, JBJs früherer Plattenmanager, machte ihn mit Elton John bekannt – und der spielte später als Gastmusiker auf Jons Soloalbum „Blaze Of Glory" auf den Tracks „Dyin' Ain't Much Of A Livin'" und „Billy Get Your Guns". Eine große Ehre!

THE ROLLING STONES

Die Stones, gegründet 1962, sind die dienstälteste Rockband der Geschichte – und noch immer auf Tour (wenn auch fortan leider ohne Drummer Charlie Watts, † 2021). Mit Nummern wie „(I Can't Get No) Satisfaction", „Gimme Shelter", „Paint It, Black", „Jumpin'

Jack Flash" oder „Start Me Up" sind die Briten ganz große Vorbilder für Jon, besonders Frontmann Mick Jagger, von dem er sich abguckte, wie man Fans live in seinen Bann zieht.

AEROSMITH

Die „Bad Boys from Boston", gegründet um 1970, gelten als das US-Äquivalent zu den Rolling Stones. Steven Tyler wurde früher in den Medien gern als „amerikanischer Mick Jagger" bezeichnet. Die „Luftschmiede" zählten mit Songs wie „Dream On", „Walk This Way", „Back In The Saddle" oder „Sweet Emotion" zum Soundtrack von Jons Jugend. Frontmann Tyler, eigentlich Stephen Victor Tallarico, bewundert Jon besonders für sein Showmanship, seine irre Bühnenakrobatik.

ERIC BURDON

Der Sänger aus Newcastle, geboren 1941, gilt als „die schwärzeste weiße Stimme des Rock"! Mit seiner Band The Animals gehörte Burdon neben den Beatles, den Rolling Stones und The Who Mitte der 1960er Jahre zur sogenannten „British Invasion" in den USA, der neuen Welle des britischen Rock. „Eric Burdon hatte einen großen Einfluss auf meinen Gesang", so Jon, „allein schon wegen seiner genialen Version von ‚House Of The Rising Sun'".

THIN LIZZY

Die irische Band um den unvergessenen Bassisten/Sänger Phil Lynott (1949–1986) hörte Jon in seiner Jugendzeit rauf und runter, besonders den Albumklassiker „Live And Dangerous". Ihre Hymne „The Boys Are Back In Town" covern Bon Jovi gern in ihren Shows. Als sie 2019 in Dublin auftraten, besuchte Jon mit den Gitarristen Phil X und John Shanks die Phil-Lynott-Bronzestatue in der Harry Street zu Ehren der Rocklegende. Bei Instagram kommentierte Jon: „Thanks Dublin ... for Phil Lynott."

Im Musikparadies

New Jersey, jener winzige US-Bundesstaat an der Ostküste, ist bekannt für seine lebendige Musikszene und vielfältige Clubkultur. Der „Garden State" scheint also der perfekte Ort zu sein, um eine Rock'n'Roll-Karriere zu starten.

„Jersey Boys" heißt das Musical, das seit vielen Jahren erfolgreich am Broadway läuft und auch für's Kino verfilmt wurde. Es erzählt die wahre Geschichte des italo-amerikanischen Sängers Frankie Valli und seinen Freunden, mit denen er in den Sixties als The Four Seasons gemeinsam Musik machte und von New Jersey aus die Welt eroberte mit Hits wie „Can't Take My Eyes Off You". Es könnte auch die Geschichte des jungen John Francis Bongiovi sein, ebenfalls Italo-Amerikaner und Musiker – und aus New Jersey stammend, dem flächenmäßig fünftkleinsten, aber musikalisch umso bedeutenderen US-Bundesstaat an der Ostküste. Frank Sinatra, dessen Tochter Nancy, Bruce Springsteen, Little Steven, Topgitarrist Al Di Meola, Kool & The Gang, Whitney Houston – sie alle kommen aus New Jersey, dem Musikparadies mit all seinen Clubs, Bühnen, Plattenläden und Radiostationen!

Hier, vor den Toren der Weltmetropole New York City, wuchs Jon auf und träumte seinen Rock'n'Roll-Traum, den er relativ zielstrebig verfolgte. Als Nachwuchsrocker orientierte sich Jon besonders an lokalen Helden wie Little Steven Van Zandt, Southside Johnny Lyon und natürlich Bruce Springsteen, dem Größten von allen. Stundenlang hörte Jon die Platten des „Boss". Pete Mantas, ein Freund Jons aus Jugendtagen und sein allererster Manager: „Ich hatte Jon damals das Springsteen-Album ‚Born To Run' geschenkt und er war völlig hin und weg vom Sound. Später gab Jon sein ganzes Geld für seltene ‚Boss'-Bootlegs aus …"

Seine Rock-Heroes sah Jon regelmäßig live bei Konzerten in Asbury Park, einem beliebten Ferienort am Atlantikstrand von New Jersey. „Ich bin stolz, aus New Jersey zu sein", sagt der Musiker Southside Johnny, der aus der Kleinstadt Neptune stammt und mit seiner Band The Asbury Jukes in den USA bekannt wurde mit einer Version des Sam-Cooke-Klassikers „We're Having A Party" und Hits wie „Talk To Me" und „I Don't Wanna Go Home". „Als ich mit der Musik anfing, tat ich mich bei Auftritten in New York City schwer. Sie wollten dort keine Bands aus New Jersey, buhten uns aus. Aber das hat mich nur stärker gemacht, aggressiver, ich habe noch härter an mir gearbeitet!" Für Jon Bon Jovi ist er das perfekte Vorbild: No pain – no gain, ohne Fleiß – kein Preis.

„Ohne Southside Johnny hätte es Bon Jovi nie gegeben", erklärt JBJ. „Früher wollte ich immer in seiner Band spielen und einer der Asbury Jukes sein. Johnny wurde mein Mentor und ein guter Freund."

Auch Little Steven Van Zandt zählt Jon mittlerweile zu seinen Freunden. Er wurde 1950 als Steven Lento in Massachussetts geboren, wuchs aber in New Jersey auf. Er ist Musiker, Produzent, Schauspieler, Drehbuchautor und Radiomoderator und wurde ab 1975 an der Seite von Bruce Springsteen als Gitarrist der E Street Band berühmt. Später gründete er eine eigene Band, The Disciples of Soul, mit der er sich auch politisch engagierte, z.B. 1985 mit dem Song „Ain't Gonna Play Sun City", in dem er u.a. mit Bob Dylan, Bono, Pat Benatar und Miles Davis gegen die Rassentrennung in Südafrika demonstrierte. Ab 1999 spielte Van Zandt in der Mafiaserie „Die Sopranos" den Stripclub-Besitzer Silvio Dante, danach in der erfolgreichen Krimiserie „Lilyhammer". Er gilt als einer der Mitbegründer des „Sound of Asbury Park". „Es ging uns hier in New Jersey immer um Freundschaft und Liebe zur Musik", sagte Van Zandt in einem Gespräch mit dem Autor. „Die Freunde, das sind bis heute Bruce Springsteen, Southside Johnny und Jon Bon Jovi. Mit Bruce bin ich schon seit frühesten Jugendtagen eng. Wir spielten beide in Garagenbands, ich bei The Shadows, Bruce bei The Castiles – und alle dachten wir, wir seien die nächsten Beatles. Für Southside Johnny und seine Asbury Jukes habe ich Songs geschrieben und Alben produziert. Aus unserem Stammclub, dem Stone Pony in Asbury Park, direkt am Atlantikstrand, ist dann die Musiker-Szene entstanden. Tradition war unser Fundament. Wir hatten immer einen klaren Blick dafür, wo wir hin wollten – auf die Bühne und rocken! Mode kommt und geht. Aber Rock bleibt! Er muss auf der Bühne gelebt und erlebt werden. Davon handelt auch mein Dokufilm ‚Asbury Park: Riot, Redemption & Rock'n'Roll'".

Als „mein Disneyland" bezeichnet Jon Bon Jovi Asbury Park: „Der Ort wird immer einen besonderen Platz in meinem Herzen haben." Mit seiner Band Atlantic City Expressway, zu der auch Keyboarder David Bryan, damals noch David Rashbaum, sowie Trompeter Al Chez und Saxophonist Rick Cyr zählten, spielte Jon hauptsächlich Coverversionen von Springsteen und Southside Johnny. Die Gruppe war der erste Baustein für seine spätere Karriere.

Nach den Shows mischten sich Jon, David Bryan und Freund Pete Mantas unter die Rockstars, die an der Bar des Jefferson Hotels an der Ocean Avenue einen Drink nahmen. „Als die Sperrstunde nahte, löschte Tony Albano, der Wirt, das Licht und zündete ein paar Kerzen an. Dann konnte weitergetrunken werden", erinnert sich Pete. „Drüben an der Bar stand Bruce Springsteen beim Bier, daneben Musiker von The Shots oder Billy Hector. Wir waren noch Kids, hingen aber bis vier, fünf Uhr früh an der Bar, obwohl wir am Morgen wieder in die Schule mussten. Wir fühlten uns unter all den Stars wie in einem Film."

Großartige Zeiten im Musikparadies. Und wie sehr Jon an seiner Heimat hängt, bewies er, indem er das vierte Bon-Jovi-Album nicht wie ursprünglich geplant „Sons Of Beaches" nannte, sondern „New Jersey"…

13 Musiktipps aus New Jersey:

1. Bruce Springsteen – Born To Run
2. Frank Sinatra – That's Life
3. Little Steven – Voice Of America
4. Southside Johnny – Hearts Of Stone
5. Frankie Valli – Half & Half
6. Nancy Sinatra – Nancy & Lee
7. Whitney Houston – Whitney
8. Fugees – The Score
9. My Chemical Romance – Black Parade
10. Monster Magnet – Powertrip
11. Paul Simon – Graceland
12. Skid Row – Skid Row
13. Bon Jovi – New Jersey

AHA!

Auf der „Überholspur"

Als John Bongiovi im Januar 1980 mit seiner Band Atlantic City Expressway im Fast Lane Club in New Jersey auf der Bühne stand, passierte etwas Unglaubliches ...

Das Fast Lane (dt.: Überholspur) in Asbury Park war neben dem legendären Stone Pony der angesagteste Liveclub des Strand- und Ferienortes an der Küste New Jerseys. Täglich spielten hier Bands, unbekannte und auch bekannte wie die Ramones, die Stray Cats, Mink Deville, auch U2 hatten auf ihrer allerersten US-Tour hier Station gemacht. „The House that rocks the Jersey Shore" wurde der Laden völlig zu Recht genannt. Und Asbury Park, jener Partyort, war von Bruce Springsteen gar einst verewigt worden im Titel seines Debütalbums: „Greetings From Asbury Park".

John Bongiovi trat regelmäßig mit seiner Band Atlantic City Expressway im Fast Lane auf, er war gerade mal 16 Jahre alt, also noch nicht volljährig. Offiziell durfte er nicht einmal Bier trinken. Wenn es zu Polizeikontrollen kam, musste er stets von der Bühne durch den Hinterausgang flüchten. Atlantic City Expressway, kurz ACE, waren im Grunde eine Coverband, deren Repertoire aus bekannten Nummern von Bruce Springsteen und Southside Johnny & The Asbury Jukes bestand. Besonders Frontmann John Bongiovi beeindruckte Tony Pallagrosi, den Booker des Clubs. In einem Interview mit der Asbury Park Press erinnert er sich: „Er ging durch eine harte Schule. Denn bei den Konzerten standen oft nicht mehr als 20 Leutchen vor der Bühne rum – und trotzdem gaben Jon und seine Jungs immer Vollgas. Von den 20 waren 18 Mädels, und die kreischten, als stünde da Mick Jagger auf der Bühne", erinnert sich Tony. Die Gigs im Fast Lane können als „Aufwärmtraining" für Jons spätere Stadionshows mit Bon Jovi angesehen werden. Doch bis dahin war es noch ein weiter Weg ...

Zu einem besonders denkwürdigen Moment kam es im Fast Lane am 9. Januar 1980. Kein Geringerer als Bruce Springsteen himself lehnte hinten an der Bar und trank ein Bier, während Jon mit seiner Band auf der Bühne rockte. Plötzlich bekam der „Boss" wohl Lust, mitzurocken. Er schlenderte lässig vor zur Bühne, und John hätte vor Aufregung fast sein Mikro verschluckt. Er erinnert sich: „Das war für mich ein extremer Thrill, wie man sich vorstellen kann. Ich hatte Riesenrespekt vor diesem Mann. Sein Album ‚Darkness On The Edge Of Town' lief bei mir rauf und runter. Das Fast Lane war wie das Stone Pony sowas wie Bruce' Wohnzimmer, er war dort über hundert Mal aufgetreten. Man kann die Läden vergleichen mit dem CBGB's in New York, dem Cavern Club in Liverpool oder dem Whiskey-a-GoGo in Hollywood. Und an jenem Abend fragte er uns tatsächlich, ob er mitspielen dürfe. Absolut surreal war das, als wir gemeinsam sein ‚The Promised Land' anstimmten …"

Eine echte Sternstunde, die JBJ nie vergessen hat. Es war das erste Zusammentreffen mit seinem Idol, ein unvergesslicher Moment. Inspiriert von Songwriter Springsteen drängte es Jon danach, nicht nur Songs anderer Künstler nachzuspielen, sondern auch eigene zu komponieren. Also machte er Schluss mit Atlantic City Expressway und stieg bei Gitarrist Jack Pontis Band The Rest ein, die hatten immerhin eigene Songs. Doch schon nach kurzem Gastspiel gründete er dann John Bongiovi & The Wild Ones und schrieb jetzt seine ersten Lieder …

Der Fast Lane Club, dieses geschichtsträchtige Gebäude an der Fourth Avenue, keine 300 Meter vom Strand entfernt, in dem neben Jon Bon Jovi und Bruce Springsteen auch Artists wie Joan Jett, Patti Smith, Cyndi Lauper, Stray Cats, Hall & Oates, Sly & The Family Stone und Iggy Pop auftraten, wurde 2013 abgerissen. Seinen festen Platz in der Musikhistorie New Jerseys hat der Club ganz sicher.

Cooler Cousin

In den Power Station Studios in Manhattan kam Jon mit dem großen Rockbusiness in Berührung. Er erlebte Weltstars hautnah, die dort ihre Alben aufnahmen. Geführt wurden die Studios von Tony Bongiovi, einem Cousin zweiten Grades. Er gab Jon einen Job, der sein Leben für immer verändern sollte …

441, West 53rd Street, Manhattan, New York, New York. Das ist seit 1980 die wohl wichtigste Adresse in Jons Leben. In dem ehemaligen Kraftwerk im Bezirk Hell's Kitchen, das 1977 zu einem Aufnahmestudio umfunktioniert worden war, gaben sich die Superstars die Klinke in die Hand: Bob Dylan, Bruce Springsteen, die Rolling Stones, Aerosmith, David Bowie, die Ramones, Madonna, Cyndi Lauper, Cher – sie alle produzierten hier ihre Alben. Inhaber und Produzent war ein gewisser Tony Bongiovi.

JBJ erinnert sich im Interview mit dem Autor: „Tony heißt zwar auch Bongiovi, aber ich kannte ihn kaum. Er ist 15 Jahre älter als ich und nur ein entfernter Cousin. Eines Tages lud ihn mein Vater zu uns nach Hause zum Abendessen ein. Das hatte einen Grund: Dad wollte nämlich von ihm als Musikproduzent wissen, ob ich – damals 18 – überhaupt musikalisches Talent besitze. Mein Dad sah meine Musikpläne extrem kritisch. Ich hatte ihm nach Abschluss der Highschool klargemacht, dass ich weder aufs College gehen noch als Friseur arbeiten würde wie er, sondern mich ganz auf das Musikmachen fokussieren möchte. Ich hatte gerade meine Coverband Atlantic City Expressway aufgegeben und war bei der Gruppe The Rest eingestiegen, weil die eigene Lieder im Repertoire hatte. Das war für mich ein Schritt nach vorne. Tony Bongiovi meinte beim Dinner, die Band sei Schrott, aber ich hätte eine gute Stimme. Cooler Typ! Wir blieben in Kontakt. Drei, vier Monate später rief ich ihn an und fragte, ob er nicht irgendeinen Job für mich habe. Er hatte. Ich wurde ‚Gopher' (von: to go for) in seinen Power Station Studios, für 50 Dollar die Woche. Ich

war nun also Laufbursche, habe Kaffee gekocht, geputzt, aufgeräumt. Das war insofern spannend, als dass ich zum ersten Mal mit dem Showbiz in Berührung kam. Ich sah Cher, Madonna, die Rolling Stones, Nile Rodgers und Chic, Bryan Adams, alle nahmen sie dort auf. Und ich war live dabei, als David Bowie mit Queen am Hit ‚Under Pressure' arbeitete. Hinter einer Glasscheibe beobachtete ich Freddie Mercury und David Bowie beim Singen und Diskutieren. Mit den Musikern sprechen durfte ich nicht, aber immerhin Kaffee bringen. Ein anderes Mal sah ich Steven Tyler von Aerosmith, wie der voller Leidenschaft die Ballade ‚Cry Me A River', einen Klassiker des ‚American Songbook', für das Album ‚Rock In A Hard Place' einsang. Mir lief es eiskalt den Rücken runter, das war Emotion pur. Wahnsinn, welche Gefühle Musik auslösen kann, dachte ich mir! Cousin Tony konnte mir nur ein kleines Gehalt zahlen, deshalb schenkte er mir immer etwas Zeit im Aufnahmestudio, wenn es leerstand. Die nutzte ich, um ein Demo aufzunehmen. Er half mir bei der Produktion des

Songs ‚Runaway' und organisierte mir Profimusiker, etwa Bruce Springsteens Keyboarder Roy Bittan. David Bryan Rashbaum war damals auch am Start. Aber die Band Bon Jovi existierte noch nicht. Für die Gefälligkeiten wollte Tony Prozente am Song ‚Runaway'. Keiner konnte damals ahnen, dass die Nummer mein erster Hit würde. Es hat sich für ihn definitiv gelohnt."

1998 veröffentlichte Jon Bon Jovi, längst ein Superstar, dann ein Album namens „The Power Station Years", das von Tony Bongiovi produziert wurde und alte, unveröffentlichte Aufnahmen aus den Jahren 1980 bis 1984 enthielt, etwa „Who Said It Would Last Forever", „Open Your Heart", „Hollywood Dreams" oder „More Than We Bargained For" sowie das erste Demo von „Runaway".

Und was wurde aus den Power Station Studios? 1996 wurden sie umbenannt in Avatar Studios. 2016 kehrten Bon Jovi dorthin zurück, um ihr Album „This House Is Not For Sale" aufzunehmen. 2017 wurden die Studios schließlich von der Berklee School of Music übernommen und umbenannt in „Power Station at Berklee NYC".

Best of „Power Station":

1. Bruce Springsteen – The River
2. Rolling Stones – Tattoo You
3. David Bowie – Scary Monsters
4. The Ramones – Rocket To Russia
5. Dire Straits – Brothers In Arms
6. Power Station – Power Station
7. Cyndi Lauper – True Colors
8. Bryan Adams – Cuts Like A Knife
9. Billy Squier – Don't Say No
10. Bon Jovi – Bon Jovi

Jagger und die Frösche

Die Rolling Stones nahmen in den Power Station Studios ihre Platte „Tattoo You" auf. Im Sommer 1981 kam es dort zu einer denkwürdigen Begegnung …

Jon arbeitete gern in den Aufnahmestudios seines Cousins Tony in Manhattan – doch nicht etwa wegen des „Gopher"-Jobs, sondern weil er dort eben die Großen des Rock hautnah bei der Arbeit erleben konnte. Eines Tages kam es zu einer witzigen Begebenheit – mit den Rolling Stones, die zu Jons Favoriten zählten. Mick Jagger, Keith Richards & Co. arbeiteten in den Power Station Studios an ihrem Album „Tattoo You" und Songs wie „Start Me Up" und „Waiting On A Friend". „Ich fuhr eines Tages im Taxi vor dem Studio vor und gab dem Fahrer sein Geld, als plötzlich auch die Stones aus einer Limousine stiegen", erzählt Jon. „Wir kamen zufällig gleichzeitig an. Überall lauerten Paparazzi-Fotografen, denn es sprach sich schnell rum, wer gerade im Power Station zugange war. Mit einem Mal sprang ein Paparazzo hinter einer Mülltonne hervor und fing an, wild zu fotografieren. Keith Richards und Bill Wyman gingen unbeeindruckt weiter Richtung Studio, doch der Fotograf schrie: ‚Mick! Mick! Nur ein Foto!' Jagger hielt an, schnappte mich und legte seinen Arm um mich. Dann grinste er den Fotografen an: ‚Darf ich vorstellen: meine neue Band, The Frogs!' – die Frösche. Den Moment werde ich nie vergessen!"

POPULÄRER IRRTUM

Von „Star Wars" zu „Runaway"

„Runaway" war zwar die allererste Single Bon Jovis, die überhaupt zur Gründung der Band geführt hatte – aber es war keineswegs Jons erste professionelle Studioaufnahme.

„Ooh, she's a little Runaway ...", das ist die Nummer, die Bon Jovis Karriere begründete und bis heute in keiner Show fehlen darf. Der Song mit dem prägnanten Keyboard-Riff wurde 1982 als Demo in den Power Station Studios produziert – bevor die Band überhaupt existierte. Es war aber eben nicht der erste Song, den Jon je professionell aufnahm. Bereits 1980 durfte er nämlich auf Vermittlung von Tony Bongiovi ein Lied für das „Star Wars"-Weihnachtsalbum „Christmas In The Stars" einsingen, das Tony produzierte und das kurz vor der zweiten Filmepisode „The Empire Strikes Back" erschien. „R2-D2 We Wish You a Merry Christmas" hieß der Song, den Jon damals noch als John Bongiovi sang. Da ihm Tony für seinen Job als Laufbursche nur 50 Dollar die Woche zahlen konnte, ließ er Jon, den talentierten Nachwuchssänger, nachts das Studio nutzen, wenn kein anderer dort war. So entstanden erste Songideen und Demoaufnahmen. Jons Jugendfreund Pete Mantas, der damals schon junge Bands betreute, stellte ihm eines Tages den Gitarristen und Songwriter George Karakoglou, kurz George Karak, vor. Er spielte in einer Band namens Tony Romeo and the Sinners. George besuchte Jon zu Hause in Sayreville, und eines Nachmittags schrieben die beiden einen Song: „Runaway"! Tony Bongiovi, der seinen Cousin nach Kräften unterstützte, trommelte für die Aufnahme eine All-Star-Band zusammen, die sich sehen lassen konnte. Die „All Star Revue" bestand aus Gitarrist Tim Pierce (der damals mit Sänger John Waite in den Power Station Studios an dessen Album arbeitete), Drummer Frankie LaRocka (zehn Jahre später Produzent des Spin-Doctors-Debütalbums „Pocket Full Of Kryptonite" mit dem Hit „Two Princes"), Keyboarder Roy Bittan (von Bruce

Springsteens E Street Band) sowie Bassist Hugh McDonald, genannt Huey, der 1994 schließlich zur Liveband von Bon Jovi stieß und von dem es heißt, er habe bereits zu Alec John Suchs Zeiten alle Bass-Parts auf den Bon Jovi-Alben eingespielt, weil er der bessere Musiker war, Alec dafür auf der Bühne der bessere Performer. Das packende Keyboardintro von „Runaway" stammte von Mick Seeley, der mit Jon in der Band Johnny & The Wild Ones spielte und später bei Southside Johnny & the Asbury Jukes, Ronnie Spector und Gary U.S. Bonds.

1983 sendete Jon das „Runaway"-Demo zum lokalen Radiosender WAPP-103.5-FM (heute WKTU), um damit bei einem Newcomer-Wettbewerb teilzunehmen. Und siehe da – „Runaway" gewann! Die Hörerinnen und Hörer fuhren auf die Nummer ab, WAPP-DJ Chip Hobart spielte „Runaway" rauf und runter. Spätestens jetzt war Jon klar: Er musste eine Band gründen! Als ersten konnte er seinen Jugendfreund, Keyboarder David Bryan Rashbaum gewinnen, mit dem er bei Atlantic City Expressway gespielt hatte und der eigens für die neue Band sein Musikstudium an der renommierten Julliard School in New York aufgab. David rief Bassist Alec John Such von Phantom's Opera an und überzeugte ihn einzusteigen. Alec wiederum kannte einen Drummer namens Tico Torres von der Band Franke &

The Knockouts. Tico, eigentlich Hector, spielte eines Abends mit seiner Gruppe im Vorprogramm von Toto im Garden State Arts Center in Holmdel, New Jersey. Es war das letzte Konzert ihrer Tour. Jon, Alec und Pete Mantas, der nun als Manager fungierte, trafen Tico backstage und fragten ihn unumwunden, ob er bei Jon, dem hoffnungsvollen Newcomer, einsteigen oder lieber bei Franke & The Knockouts bleiben wolle. Tico entschied sich überraschend für Veränderung, eine weise Entscheidung, wie sich später herausstellen sollte. Die ersten Gitarristen der Band waren Bill Frank von Atlantic City Expressway und Dave „The Snake" Sabo, ein weiterer Jugendfreund Jons, der später mit seiner Band Skid Row („I Remember You", „18 And Life") dank Jons tatkräftiger Unterstützung berühmt wurde. Doch die Chemie stimmte irgendwie nicht und man trennte sich nach kurzer Zeit. Richie Sambora, genannt Sambo, war das fehlende Teil im Puzzle. Zu jener Zeit war er Gitarrist und Frontmann der Band Message. Jon traf ihn zu einer Jamsession in dessen Proberaum in Fords im Woodbridge Township bei Sayreville und war sehr angetan. Richie war nicht nur ein begnadeter Saitenzauberer, er verfügte auch über eine sehr gute Singstimme, perfekt für Backing-Vocals, die dem Sound mehr Volumen verleihen sollten. Jon und Richie ergänzten sich herrvorragend. Jetzt war die Band komplett.

Sardellen?

„Bongiovi" – das konnten die New Yorker Plattenmanager, die großes Interesse an Jon bekundeten, weder unfallfrei aussprechen noch schreiben. Ergo musste eine Namensänderung her, bevor die Band loslegen konnte.

Der Song „Runaway" schlug immer höhere Wellen, und so wurden auch die Plattenmanager Derek Shulman und Jerry Jaffe vom Major-Label Mercury Records auf Jon aufmerksam. Zuvor hatte das große Label Capitol Records den Song übrigens abgelehnt. Derek Shulman, gebürtiger Schotte, Jahrgang 1947, war früher selbst ambitionierter Musiker. Mit seinen Brüdern spielte er in der Prog-Rock-Band Gentle Giant, die mit Alben wie „The Power And The Glory" oder „Octopus" in den frühen 1970ern Erfolge verbuchen konnte. Die Vorgängerband der Brüder Shulman hieß Simon Dupree & The Big Sound. Zu deren Mitgliedern hatte zeitweise auch ein gewisser Reginald Dwight gehört, der später als Elton John weltbekannt wurde. Eine Connection, die Jon im Laufe seiner Karriere noch zugute kommen würde („Blaze Of Glory").

Shulman war es jedenfalls, der Jons musikalisches Potential schnell erkannte. Im August 1983 fuhr er nach Sayreville, um mit Jon zu sprechen. Man traf sich zu Hause bei Jons Freund Pete Mantas, der sich im Keller seines Elternhauses im Ortsteil Sherwood Forest ein kleines Büro eingerichtet hatte. Jon und Band spielten Shulman einige Songs vor, begeisterten den Plattenmanager – und der Vertrag wurde an Ort und Stelle besiegelt.

Schon bald war den Managern des Plattenlabels klar, dass die neue Band unmöglich Johnny & The Wild Ones heißen könne, das war absolut einfallslos. Und auch, dass der Name Bongiovi nicht aussprechbar war. Einer der Plattenleute fühlte sich dabei gar an Anchovis (Sardellen) erinnert. Ein neuer Name musste also her! Die erste Idee, die Band Johnny Electric zu nennen, stieß bei Jon auf wenig Gegenliebe. Intruder (dt.: Eindringling) war eine weitere Option, die aber auch eine blieb. Zu dieser Zeit, in den frühen 1980ern, war die kalifornische Band Van Halen extrem erfolgreich. Und die nutzte ihren Familiennamen: Drummer Alex und Gitarrero Eddie Van Halen waren die hochtalentierten Söhne holländischer Einwanderer. Und so hatte Jon schließlich den Geistesblitz: Bon Jovi! Es war sein italienischer Familienname in vereinfachter Form, quasi amerikanisiert. Es war ja seine Band, er war der Chef, und alle Beteiligten waren mit „Bon-tscho-wi" einverstanden. Jetzt konnte es losgehen mit der geplanten Welteroberung!

Doch plötzlich wurde Pete Mantas, der als eine Art Bandbetreuer und Quasi-Manager fungierte, klar, dass er diesen Job künftig nicht mehr machen könne. Die Nummer wurde ihm zu groß. Jetzt musste ein gestandener Manager her. Und da tauchte plötzlich Harold „Doc" McGhee auf. Der damals 33-Jährige hatte bereits die wilden Glam-Rocker Mötley Crüe aus Los Angeles auf die Erfolgsstraße gebracht. McGhee, ein gewiefter Stratege, hatte die brillante Idee, Bon Jovi als Gegenpol zu Mötley Crüe zu positionieren. Wie früher die Beatles gegen die Stones. Bon Jovi als familienfreundliche Alternative zu den „gefährlichen" Mötleys. Es funktionierte! Und die Debütsingle „Runaway" wurde 1984 der erste Achtungserfolg in der jungen Karriere von Bon Jovi. In den Billboard Hot 100 Charts schaffte es die Nummer in die Top 40. Darauf konnte man aufbauen.

POPULÄRER IRRTUM

Pizza-Connection

„Slippery When Wet", das dritte Studioalbum von Bon Jovi, war ein entscheidendes: Die Band stand unter Druck, denn nach dem Achtungserfolg des Debüts hatte sich das zweite Werk „7800 Fahrenheit" 1985 nicht besonders gut verkauft. „Slippery" musste also unbedingt ein Erfolg werden – und die Auswahl der Songs war enorm wichtig. Sie wurde aber nicht – wie man annehmen könnte – von erfahrenen Musikprofis getroffen ...

Nach dem überschaubaren Erfolg des Albums „7800 Fahrenheit" und einer neunmonatigen Tournee als Vorgruppe von u.a. den Scorpions und KISS, standen Bon Jovi bei ihrer Plattenfirma in der Kreide. Viele glauben, Bands hätten es finanziell geschafft, sobald sie einen Vertrag bei einer großen Plattenfirma unterzeichnen. Doch dem ist nicht so, denn vorfinanzierte Kosten für etwa Studioaufnahmen oder Videodrehs werden immer mit den Künstlergagen verrechnet. Die Bon-Jovi-Jungs hatten also bisher kaum Geld verdient und lebten noch immer zu Hause bei ihren Eltern. Die meisten Songs entstanden damals im Keller von Richies Elternhaus.

Anfang 1986 stand die Band also vor einer Alles-oder-nichts-Situation. Das Plattenlabel verlangte einen durchschlagenden Erfolg mit dem dritten Album. Ein neuer Produzent musste her. Die Wahl fiel auf den Kanadier Bruce Fairbairn (Loverboy, Krokus, Blue Öyster Cult), dessen knackiger Sound auf Honeymoon Suites „The Big Prize" und „Without Love" von der Band Black'n'Blue Jon überzeugt hatte. Bevor man aber nach Vancouver flog, um dort mit Fairbairn und Mixer Bob Rock in den Little Mountain Studios loszulegen, nahmen Jon und die Band in einem kleinen Studio in New Jersey vorab die neuen Songs als Demo auf. Jon erinnert sich: „Gegenüber des Studios gab es eine Pizzeria, in der Kids abhingen. Als wir uns dort eines Tages Pizza holten, kam uns die Idee, sie ins Studio einzuladen, ihnen unsere neuen Stücke vorzu-

spielen und uns so eine Meinung von außen einzuholen, Marktforschung mal anders. Es war interessant, was die Kids zu sagen hatten und wir berücksichtigten das bei der Songauswahl. Die lokale Presse hat dann ein großes Ding daraus gemacht und ein Reporter erfand den Begriff ‚Pizza Pie Jury'. Aber ohne unsere spezielle ‚Pizza-Connection' hätte die Titelliste des Albums sicher anders ausgesehen."

Zu den Songs, die es nicht auf „Slippery When Wet" schafften, zählen Titel wie „Never Enough For You", „Borderline", „Edge Of A Broken Heart", „Heat Of The Night", „Give My Heart", „Lonely Is The Night", „Too Much Too Soon", „Game Of The Heart", „Deep Cuts The Night", „Walk Don't Run", „Out Of Bounds", „There Is No Answer" und „Promise". Nicht etwa Platten- oder Marketing-Manager waren also maßgeblich für den Erfolg des Albums verantwortlich, sondern die Kids, die die richtigen Songs ausgewählt hatten. Fast 30 Millionen Mal verkaufte sich „Slippery When Wet" bis heute …

AHA!

Der Song-Doctor

Neben der jugendlichen „Pizza Pie Jury" gab es noch ein zweites Erfolgsgeheimnis bei „Slippery When Wet": Zum ersten Mal ließen sich Bon Jovi von einem außenstehenden Songwriter unterstützen.

Er wurde zu dem Mann mit dem untrüglichen Gespür für Songs mit Chartspotential: Desmond Child, der „Song-Doctor" und Hit-Maker! Bevor der Musiker und Komponist, bürgerlich John Charles Barrett, 1986 anfing, mit Bon Jovi zu arbeiten, hatte er allerdings erst einen richtigen Hit vorzuweisen, den er gemeinsam mit Paul Stanley komponiert hatte – und der war auch schon wieder sieben Jahre her: „I Was Made For Loving You" von KISS.

Aufgrund des nicht sonderlich erfolgreichen „Fahrenheit"-Albums musste sich das Bon-Jovi-Camp etwas einfallen lassen. Nach dem Achtungserfolg von „Runaway" vom Debütalbum wurde von der Band jetzt ein richtiger Tophit erwartet, der im Radio laufen und der der Plattenfirma Geld einbringen würde, um ihre hohen Investitionen in Bon Jovi zu rechtfertigen. Klar waren Jon und Richie ein gutes Songwriter-Team, aber sie wussten auch, um was er jetzt geht: Alles oder nichts! Und so sagten sie nicht nein, als Desmond Child ihnen die Zusammenarbeit anbot. Child hatte in der Musikszene einen Ruf als „Song-Doc", er spürte, wo bei einer Nummer etwas nicht passte und „reparierte" und verbesserte es. Von Bon Jovi wurde er später „The Touch" genannt, nach dem Begriff „Midas Touch": Alles, was der mythische König Midas, Herrscher des phrygischen Reiches um 700 vor Christus, anfasste, soll zu Gold geworden sein.

Der erste Song, den Jon, Richie und Desmond 1986 gemeinsam im Kellerstudio von Richies Elternhaus schrieben, war „Edge Of A Broken Heart". Er schaffte es aber nicht auf das „Slippery"-Album, sondern erst 1994 auf die B-Seite der Single „Always". Aber die anderen vier Titel überzeugten alle Beteiligten:

„Without Love", „I'd Die For You" – sowie „You Give Love A Bad Name" und „Livin' On A Prayer", zwei Songs der absoluten Extraklasse, die zu den größten Hits der Band werden würden. „You Give Love A Bad Name" ist im Grunde eine Art Zweitverwertung von Desmonds „If You Were a Woman (And I Was a Man)", das Bonnie Tyler auf ihrem Album „Secret Dreams And Forbidden Fire" sang. Es wurde von Jim Steinman produziert und erschien bereits im Frühjahr 1986. Ein großer Hit wurde es nicht. Child erinnert sich: „Ich war sauer auf Bonnies Plattenfirma, weil sie diese tolle Nummer nicht richtig gepusht hatte. Ich wollte beweisen, dass sie ein großer Hit sein kann und schrieb sie einfach nochmal neu: mit Jon und Richie wurde ‚You Give Love A Bad Name' daraus …"

Am 23. Juli 1986 wurde „Bad Name" die erste Single des dritten Albums „Slippery When Wet". MTV war damals nicht nur in den USA der große Karriere-Booster, also musste ein möglichst spektakuläres Video her. Beauftragt wurde dazu ein Videoclip-Großmeister, Regisseur Wayne Isham (Mötley Crüe, Dokken). Als Drehort wählte er das Olympic Auditorium in Los Angeles, eine stillgelegte Sporthalle. Eigens für den Videoshoot wurde sie geöffnet. Zuletzt hatten dort Survivor 1985 für ihr Video zum „Rocky"-Hit „Burning Heart" vor der Kamera gestanden. Isham ließ nun eine riesige „Headliner"-Bühne errichten für den Bon-Jovi-Dreh. Die Band war baff, als sie die gigantische Stage erstmals zu Gesicht bekam. Zu jener Zeit waren Jon & Co. in den USA im Vorprogramm der Southern-Band 38 Special auf deren „Strength In Numbers"-Tour unterwegs. Es sollte das letzte Mal sein, dass Bon Jovi als Vorgruppe spielen mussten.

Der Clip wurde routiniert abgedreht und rotierte bei MTV bald Tag und Nacht. So oft, dass es Manager McGhee fast zu viel wurde. Er rief bei dem einflussreichen TV-Sender an: „Übertreibt es bitte nicht mit ‚You Give Love A Bad Name', ihr veranstaltet ja einen Bon-Jovi-Overkill mit dem Video!" Aber: Am 29. November 1986 stand der Song mit der genialen Opener-Zeile „Shot through the Heart and you're to blame – you give

Love a bad Name ..." auf Platz 1 der US-Billboard-Charts. Hallelujah! Jon, Richie und der Band fiel ein Riesenstein vom Herzen: Kurz zuvor standen Bon Jovi noch auf der Kippe, jetzt hatten sie es plötzlich geschafft. Dieser eine Song, knapp vier Minuten Musik, veränderte ihr Leben für immer. Nicht zuletzt auch dank „Song-Doc" Desmond Child. Und gemeinsam setzten sie dem Ganzen gleich noch einen obendrauf – mit „Livin' On A Prayer", bis heute eine der wichtigsten Nummern der Band...

Desmond Child und Jon Bon Jovi im Jahr 2014

„Tommy" statt „Johnny"

Unglaublich, aber wahr: Von „Livin' On A Prayer" war Bandboss Jon Bon Jovi anfangs überhaupt nicht überzeugt.

„Livin' On A Prayer" zählt nicht nur zu den größten Hits Bon Jovis, es ist bis heute auch einer der absoluten Lieblingssongs der Fans weltweit. Es gab wohl noch kein Konzert seit 1986, bei dem die Band diesen Megahit nicht spielte. Auch hier trug „Song-Doctor" Desmond Child entscheidend zum Erfolg bei. Beim Texten der Nummer erinnerte sich „Des", der sich Jahre später als schwul outen würde, an seine Ex-Freundin, die Sängerin Maria Vidal. Maria arbeitete neben ihrer Gesangskarriere als Bedienung in einem Diner und wurde dort „Gina" genannt, wegen ihrer Ähnlichkeit zu Filmstar Gina Lollobrigida. Im Megahit „Livin' On A Prayer" ist sie nun verewigt. Der Junge im Song, Ginas Freund, hieß im Originaltext übrigens noch „Johnny". Doch Jon Bon Jovi war dagegen, weil er nicht wollte, dass die Fans denken, er sänge von sich. Also wurde aus „Johnny" schließlich „Tommy". Interessant auch: Richie Sambora verriet in einem Interview, dass Jon von dem Song zunächst nicht überzeugt war und ihn nicht auf „Slippery When Wet" nehmen wollte. Richie musste seinen Sänger von den Hitqualitäten des Stückes erst überzeugen.

Desmond Child wurde zum Hit-Lieferant der Band. Am 28. Oktober 1953 kam er als John Charles Barrett in Gainesville, Florida zur Welt. Aufgewachsen ist er mit seinem Bruder Fred in Miami. Der Vater, von Beruf Geologe, war ungarischer Abstammung und verließ die Familie früh. Von Mutter Elena, aus Kuba stammend, lernte Desmond Klavierspielen. In der Highschool freundete er sich mit einem toughen Jungen namens Mickey Rourke, dem späteren Hollywoodstar, an, der ihn auf dem Schulhof immer vor Gangs und Schlägertypen beschützte. Desmonds Passion galt der Musik. Bald gründete er mit einer Freundin namens Debbie Wall seine erste Band: Night Child. Er gab der Sängerin den Künstlernamen Virgil Night, sich selbst nannte er fortan Desmond Child. Später studierte er Musik am Dade College in Miami, führte sein Studium in New York fort. Dort gründete er 1977 mit den Sängerinnen Maria Vidal, Myriam Valle und Diana Grasselli die Band Desmond Child & Rouge. Der Sound von Rouge war ein neuartiger Mix aus groovigem P-Funk mit Rockelementen. Mit „Our Love Is Insane" gelang ein kleiner Hit. Kurioserweise hatte ein gewisser John Bongiovi damals ein Konzert von Rouge in Red Bank, New Jersey, besucht, als er 17 war. Über die Gruppe lernte Desmond 1979 in New York Paul Stanley von KISS kennen, der sich auch als Rouge-Fan outete und half, den Boxer-Titel „The Fight" für Rouge mitzukomponieren. Zwischen den beiden funkte es kreativ und sie verabredeten sich mit Partner Vini Poncia in den Electric Ladyland Studio zum Songwriting. Heraus kam ein echter Ohrwurm, der Rock-Schlager „I Was Made For Lovin' You", der sich zu Desmonds erstem Tophit entwickelte. „Song-Doctor" Desmond brachte in der Hochzeit der Disco-Welle frischen Wind in die Schock-Rock-Band.

Aber erst Bon Jovi bedeutete für „Des" einige Jahre später den großen Durchbruch. Die Songs für „Slippery" machten ihn über Nacht zum „It-Boy" der Songwriter-Szene, die Plattenfirmen standen jetzt bei ihm Schlange. Seine Hits waren für Desmond ein Karrieresprungbrett. Und so folgten umgehend Aufträge von illustren Namen wie Aerosmith, Cher, Alice Cooper, Joan Jett, Bonnie Tyler, Michael Bolton, Ricky Martin, Robbie Williams oder Katy Perry. Auch einige deutsche Künstler sind unter Desmond Childs „Kunden": Schauspieler und Sänger Tom Beck („The Longing"), der Electro-House-DJ Zedd aus Kaiserslautern, bürgerlich Anton Zaslavski („Beautiful Now") und auch Tokio Hotel, für die er „Zoom Into Me" schrieb …

Jon und Bon Jovi blieben jedoch weiterhin seine Hauptabnehmer. Bis 2013 komponierte Desmond viele weitere Songs für und mit Bon Jovi. Desmond Child hat definitiv seinen Teil zum Welterfolg der Band beigetragen.

POPULÄRER IRRTUM

Müllsack-Kunst?

Das schwarze „Slippery When Wet"-Albumcover ist legendär. Aber es ist eigentlich nur dritte Wahl – und keineswegs von langer Hand geplant, sondern durch Zufall entstanden. Das Artwork zu ihrem dritten Longplayer hatten sich Jon und die Band eigentlich ganz anders vorgestellt.

Ursprünglich plante Jon, das dritte Bon-Jovi-Album „Wanted Dead Or Alive" zu betiteln. Er war bekannt als großer Westernfan, und es schwebte ihm ein Cover im Stil eines vergilbten „Gesucht – tot oder lebendig"-Plakats aus dem Wilden Westen vor – eben „Wanted Dead Or Alive", dazu die Band in voller Cowboy-Montur. Doch die Plattenfirma legte ein Veto ein, dieses Konzept sei zu altmodisch. Die Aufnahmen zu „Slippery When Wet" waren bereits in vollem Gange in den Little Mountain Studios in Vancouver, Kanada. Nach getaner Arbeit vergnügte sich die Bon-Jovi-Gang gern in einem Stripclub namens „Number 5". Highlight waren dort Girls, die eine Stripshow unter der Dusche abzogen und sich dabei gegenseitig einseiften. Da traf Jon ein Geistesblitz: „Slippery When Wet" – glitschig, wenn nass! Entsprechend sexy stellte er sich das Cover vor. Er beauftragte umgehend Bandfotograf Mark Weiss, genannt „Weissguy", für ein Shooting am Strand von New Jersey: Bikinigirls sollten ein Auto waschen und dabei frech in die Kamera lachen. Mark engagierte ein hübsches italo-amerikanisches Hobbymodel namens Angela Chidnese aus Interlaken, New Jersey. Die amtierende „Miss Raceway Park" posierte in einem zerrissenen gelben T-Shirt mit der Aufschrift „Slippery When Wet" und Bikinihöschen, dazu ein paar Wasserspritzer und Seifenschaum. Jon war sehr angetan von dem Motiv. 200.000 Platten wurden mit diesem Cover gepresst. Doch dann kamen der Plattenfirma Mercury Zweifel. Die Optik war den Marketingmanagern dann doch zu anrüchig. Sie befürchteten, konservative Großmarktketten wie K-Mart könnten die Platte möglicherweise boykottieren. Es war auch die Zeit des PMRC (Parents Music Resource Center), eines Gremiums, dem Tipper Gore, Frau von Senator Al Gore, vorstand und das in den USA für Zensur von vermeintlich sexuellen und gewaltbezogenen Inhalten sowie Verherrlichung von Alkohol- und anderem Drogenkonsum sorgte. Zensiert wurden damals Songs wie „Darling Nikki" von Prince (Sex!), „Bastard" von Mötley Crüe (Gewalt!), „Let Me Put My Love Into You" von AC/DC (Sex!), „We're Not Gonna Take It" von Twisted Sister (Gewalt!) oder „High'N'Dry" von Def Leppard (Drogen!).

Bei Mercury schrillten also die Alarmglocken, und die Verantwortlichen baten Jon um ein alternatives Cover-Artwork. Der hatte Verständnis für die Bedenken, auch er wollte den Erfolg des überlebenswichtigen Albums um keinen Preis gefährden. Also fuhr er zu Fotograf Mark Weiss. Und fand in dessen Studio zufällig das Objekt des neuen Covers – einen stinknormalen Müllsack! Da war sie plötzlich, die neue Idee: Jon ließ Mark den schwarzen Sack mit einem Mix aus Wasser und Öl bespritzen und kritzelte dann selbst die Buchstaben „Slippery When Wet" darauf. Fertig war das neue Artwork. Das Plattenlabel war einverstanden. Das Album funktionierte auch mit der neuen Optik. Und wie! Bis heute ist es das meistverkaufte Werk der Band und eines der erfolgreichsten Alben der Rockgeschichte.

Übrigens: Das Cowboy-Foto im Billy-The-Kid-Stil wurde auch noch geschossen. Es zierte das Singlecover von „Wanted Dead Or Alive", das zur ikonischen Bon-Jovi-Hymne wurde und auf keinem Konzert fehlen darf.

1986: Das Jahr des Durchbruchs

Im August 1986 ging es für die Band um alles! Das dritte Bon-Jovi-Album „Slippery When Wet" wurde veröffentlicht – und es brachte den ersehnten großen Durchbruch für Jon, Richie & Co. Was sonst noch im „Internationalen Jahr des Friedens" in der Welt geschah:

15. Januar: Michail Gorbatschow, seit 1985 Generalsekretär der KPdSU, fordert „Glasnost" (Offenheit, mehr Rede-, Meinungs- und Pressefreiheit in der Sowjetunion) und „Perestroika" (Umstrukturierung). Er schlägt dem Westen vor, alle Kernwaffen bis zum Jahr 2000 abzurüsten.

19. Januar: Der erste PC-Virus „Brain" verbreitet sich.

28. Januar: Die US-Raumfähre Challenger bricht auf ihrer Mission STS-51-L nur 73 Sekunden nach dem Start auseinander. Alle sieben Astronauten kommen ums Leben.

10. Februar: In Palermo beginnt in einem unterirdischen Bunker im Ucciardone-Gefängnis der „Maxi Prozess". Es ist der bislang größte Gerichtsprozess gegen die sizilianische Mafia, der zu hunderten Verurteilungen führt.

25. März: Bei der Oscar-Verleihung wird „Jenseits von Afrika" zum besten Film gekürt.

8. April: Der kalifornische Küstenort Carmel gerät in die Schlagzeilen, als dort Hollywoodstar Clint Eastwood mit großer Mehrheit zum Bürgermeister gewählt wird.

13. April: Papst Johannes Paul II. besucht als erster Papst die große Synagoge („Tempio Maggiore di Roma") in Rom.

26. April: Mit der Explosion von Block 4 des Atomkraftwerks beginnt die Nuklearkatastrophe von Tschernobyl.

29. Juni: Beim Fußball-WM-Finale in Mexiko gewinnt Argentinien (mit Diego Maradona, „die Hand Gottes") gegen Deutschland mit 3:2.

6. Juli: Bei den 100. Wimbledon Championships gewinnt Boris Becker zum zweiten Mal nach 1985 das Finale im Herreneinzel, bei den Damen siegt Martina Navrátilová.

27. Juli: Das „Anti-WAAhnsinns"-Festival findet mit über 100.000 Besuchern in Burglengenfeld, Bayern statt – aus Protest gegen die geplante Wiederaufbereitungsanlage Wackersdorf. Beim „deutschen Woodstock" rocken u.a. BAP, Udo Lindenberg, die Toten Hosen und Herbert Grönemeyer.

30./31. August: Die „Monsters of Rock"-Open-Air-Festivals finden in Nürnberg und Mannheim statt. Mit dabei: Scorpions, Ozzy Osbourne, Def Leppard, MSG, Warlock (mit Doro Pesch) – und Bon Jovi!

9. Oktober: Im Her Majesty's Theatre in London findet die Welturaufführung des Musicals „Das Phantom der Oper" von Andrew Lloyd Webber statt.

22. November: Der US-Boxer Mike Tyson wird nach einem K.o.-Sieg über Trevor Berbick mit 20 Jahren jüngster Schwergewichtsweltmeister aller Zeiten.

1. Dezember: In Paris wird in einem ehemaligen Bahnhof das Kunstmuseum Musée d'Orsay eröffnet.

Cher rockt!

Aufgrund ihrer durchschlagenden Charterfolge gerieten Jon und Richie 1987 als Songwriter ins Visier von Superdiva Cher. Die Sängerin hatte Lust zu rocken und benötigte kompetente Unterstützung ...

Im Herzen war Cher schon immer eine Rock'n'Rollerin. Im Grunde ist die Show-Ikone eine Meisterin des Neuerfindens, die in der Musik jede Stilrichtung beherrscht – von Folk über Pop bis Rock und Disco. Mitte der 1960er Jahre begann ihre Karriere mit Unterstüzung ihres damaligen Freundes Sono Bono († 1998). Cher erinnert sich im August 2018 im Interview mit dem Autor: „Ich war 16 und wollte um jeden Preis ein Star werden, als ich Sonny, eigentlich Salvatore, 1962 in einem Café in Los Angeles kennenlernte. Er war deutlich älter als ich und unheimlich cool. Er arbeitete bei dem angesagten Hitproduzenten Phil Spector. Ich war beeindruckt von Sonnys tollen Connections im Musikbusiness. Eines Tages nahm er mich mit in Spectors Studio. Die bekannte Sängerin Darlene Love, die auch schon mit Elvis aufgetreten war, hatte an diesem Tag eine Autopanne und konnte nicht kommen. Da fragte mich Phil spontan: Kannst du singen? Ich nickte und durfte fortan auf Liedern wie ‚Da Do Ron Ron' von The Crystals, ‚Be My Baby' von The Ronettes und ‚You've Lost That Lovin' Feelin'' von den Righteous Brothers im Chor mitsingen." Alle diese Songs wurden große Hits. Mit ihrer außergewöhnlichen Stimme hatte Cher Spector überzeugen können. Cher weiter: „Er ließ mich eine eigene Single aufnehmen, allerdings unter dem Künstlernamen Bonnie Jo Mason, den er sich ausgedacht hatte. Der Song ‚Ringo, I Love You' wurde jedoch zum Flop. Dann versuchte ich es mit Sonny im Duett, zunächst als ‚Caesar & Cleo'. Wieder nichts. Erst als wir uns Sonny & Cher nannten, funktionierte es. Mit ‚I Got You Babe' schafften wir 1965 einen Nummer-1-Hit. Doch dann brach die Flower-Power-

Ära an! Jeder schlief plötzlich mit jedem, es wurden LSD und Marihuana konsumiert, alle feierten die neue Freiheit – außer wir. Sonny und ich waren mit einem Mal out. Wir waren plötzlich das langweilige, biedere Ehepaar ..."

Doch Cher wäre nicht Cher, wenn sie keinen Ausweg aus der Misere gefunden hätte – erst Scheidung von Sonny, dann Neustart alleine! In den 1980ern bekam sie nach Folk- und Pop-Sound nun Lust auf Hardrock. Nach dem Misserfolg ihres letzten Albums „I Paralyze" (1982) wollte Cher eigentlich mit der Musik ganz aufhören und nur noch schauspielern. „Ich hatte ja erfolgreiche Filme gedreht wie ‚Die Hexen von Eastwick', ‚Silkwood', ‚Die Maske' und ‚Mondsüchtig'. Doch dann traf ich den Musikmanager John Kalodner, der für David Geffen (Chers Lover in den 1970ern – Anm. des Autors) und dessen Label Geffen Records arbeitete. Kalodner war überzeugt, ich hätte noch jede Menge Songs in mir und überredete mich zum Weitersingen."

Es war die Zeit, als bei Geffen Records das vielbeachtete Guns N'Roses-Debüt „Appetite For Destruction" erschien, dazu Megaseller von Whitesnake („1987") und Aerosmith („Permanent Vacation") – und die Hair-/Glam-Metal-Welle mit Mötley Crüe, Ratt, Cinderella und natürlich Bon Jovi einen ersten Höhepunkt erfuhr.

Kalodner war es, der daraufhin den Kontakt zu Bon Jovi herstellte, denn man war sich einig, dass Cher dem Zeitgeist entsprechend ein Rockalbum aufnehmen sollte. Das kam ihr mehr als gelegen. Denn zum Rock'n'Roll hatte sie schon deshalb eine enge Bindung, weil sie in den 1970er Jahren mit namhaften Rockmusikern wie Gregg Allman von der Allman Brothers Band, Gene Simmons von KISS und Gitarrist Les Dudek liiert war, mit dem sie um 1980 eine kurzlebige Rockband namens Black Rose gegründet hatte. Jetzt brauchte Cher neue Kollaborateure, am besten junge, hungrige. Und da kamen ihr Bon Jovi gerade recht, deren Songs die Charts stürmten und deren Videoclips auf MTV rotierten. Durch Hits wie „You Give Love A Bad Name" oder „Livin' On A Prayer" standen Jon und Richie längst nicht mehr nur als Performer im Rampenlicht, sondern sorgten auch als Songschreiber für Aufsehen.

Bald folgte die Einladung, Cher im Studio in L.A. zu besuchen. Daraus entstand 1987 – zusammen mit Songwritingpartner Desmond Child – eine fruchtbare Zusammenarbeit. Jon und Richie komponierten und produzierten die Single „We All Sleep Alone" und sangen im Backgroundchor mit. Außerdem produzierten sie eine Neuauflage des Cher-Klassikers „Bang! Bang!"

Nach dem Motto „Never change a winning team" waren Bon Jovi auch 1989 auf Chers Nachfolgealbum „Heart Of Stone", ihrem 19. Longplayer, vertreten. Hier in Form der Liebesballade „Does Anybody Really Fall In Love Anymore?", einer weiteren Komposition des kongenialen Trios Jon, Richie und Desmond Child. Ursprünglich war diese Nummer für Bon Jovi vorgesehen gewesen, doch Jon wollte sie am Ende nicht – und so landete der Song bei Cher, wo er in guten Händen war. Aus der intensiven Zusammenarbeit wurde eine enge Freundschaft – und zwischen Sambo und Cher gar Liebe: Von 1989 bis 1991 waren die beiden ein Paar. Die Frage „Does Anybody Really Fall In Love Anymore?" konnte hier also eindeutig mit „Yes" beantwortet werden ...

Der Ladies Man

„Ladies Man", Frauenheld! Nein, damit ist nicht Jon Bon Jovi gemeint, sondern Richie Sambora. Denn im Gegensatz zu Jon, der seiner Dorothea (meistens) treu blieb, hat Sambo ein deutlich bewegteres Liebesleben hinter sich: Ob blond, ob braun – Richie liebte viele Frauen …

Schon früh bevorzugt Sambo Schauspielerinnnen, Models, Showgirls. Als aufstrebender Rockstar hat er plötzlich viele Chancen und nutzt sie. Der gutaussehende, sympathische Richie entwickelt sich zum Womanizer. Oft sucht er sich allerdings Partnerinnen aus, die ihm nicht gut tun. Besonders in den USA sind seine Liebesaffären ein gefundenes Fressen für die Klatschblätter.

Ally Sheedy war Richies erste prominente Freundin. Mit der „Breakfast Club"-Schauspielerin, geboren 1962 als Alexandra Elizabeth Sheedy in Manhattan, New York, war er 1988 einige Monate liiert. Nach der Trennung beschuldigte sie ihn, durch ihn mit Drogen in Berührung gekommen zu sein. Richie bestreitet das.

Danach folgte eine echte Liebes-Sensation: Cher! Sie war 13 Jahre älter als Sambo, die beiden waren von 1989 bis 1991 zusammen. Eine echte Rock'n'Roll-Liebe. Chers Vorliebe für (jüngere) Rocker ist bekannt. „Jon und ich waren damals in Los Angeles mit ihr im Studio", erinnert sich Richie. „Als wir zusammen die Nummer ‚We All Sleep Alone' aufnahmen, funkte es zwischen uns. Ich habe noch nie jemanden so geliebt wie Cher." Richie kaufte bald ein Haus in L.A., um näher bei ihr zu sein. Und die Presse setzte wilde Heiratsgerüchte in die Welt. Doch daraus wurde nichts. „Cher hat mir das Herz gebrochen", so Sambo. „Wir waren beide einfach zu viel unterwegs, immer getrennt auf Tour. Das hält keine Beziehung aus." Nach einigen nicht nennenswerten Affären kam Richie mit Hollywoodstar Heather Locklear zusammen, bekannt aus „Denver Clan" und den Serien „TJ Hooker"

und „Melrose Place". Heather gehörte zu den begehrtesten Frauen im Showbiz und war von 1986 bis 1993 mit „Bad Boy" Tommy Lee von Mötley Crüe verheiratet. Die Tinte auf der Scheidungsurkunde war kaum trocken, da gaben sich Heather und Richie im Dezember 1994 in Paris das Ja-Wort. Es war eine turbulente Beziehung mit viel Drama. 1997 wurde Tochter Ava Elizabeth Sambora geboren. Im Februar 2006 kam es zur Trennung und im April 2007 endete die Beziehung nach 13 Jahren in einem Scheidungskrieg inklusive Sorgerechtsstreit. Der Scheidungsgrund soll Stephanie Heaton gewesen sein, Sambos langjährige persönliche Assistentin …

Für Richie, der zu dieser Zeit mit seiner Alkoholsucht zu kämpfen hat, beginnt eine emotional schwierige Phase, denn kurz nach der Scheidung verstirbt sein Vater Adam mit nur 70 Jahren an Krebs. Die Erfahrungen aus dieser Zeit brachte Richie in einen (Bon Jovi)-Song mit ein, die Ballade „(You Want To) Make A Memory", die auf dem Album „Lost Highway" zu hören ist.

Im August 2006 lernt Richie Denise Richards, wie Locklear auch erfolgreiche Schauspielerin („James Bond: Die Welt ist nicht genug") kennen. Er sucht Trost, stürzt sich direkt in eine Beziehung mit ihr. Doch die Geschichte wiederholt sich: Auch Denise war zuvor mit einem „Bad Boy" liiert – Charlie Sheen. Richie hat kein (Liebes)-Glück. Auch diese Liebe ist geprägt von Drama und einem ständigen Zusammenprall zu großer Egos. Im Mai 2007 ist Schluss. Nach dem Scheitern der Beziehung gibt es noch zwei weitere: Von 2008 bis immerhin 2013 ist Sambo mit Nikki Lund zusammen, mit der er die Modelinie Nikki Rich gründete, danach folgte 2014 Musikerkollegin Orianthi Panagaris, eine hochtalentierte australische Gitarristin, die einst von Carlos Santana entdeckt worden war, in der Band von Michael Jackson („This Is It") spielte und dann mit Alice Cooper auf Tour war. Auf einer Silvesterparty von Schockrocker Alice auf Hawaii hatte Richie die 26 Jahre jüngere Gitarristin kennengelernt. Später entstand ein gemeinsames, von Bob Rock produziertes Album, „Radio Free America", auf dem sie süffisanterweise den Sonny & Cher-Hit „I Got You Babe" covern. Doch auch ihre Liebe hielt nicht.

Inzwischen, so hört man, geht es Richie gut. Seinen Ausstieg bei Bon Jovi 2013 bereut er nicht. Die Alkoholsucht hat er nach einigen Therapien wohl im Griff, und nach all den Liebeswirren scheint jetzt nur noch eine Frau in seinem Leben zu zählen – seine erwachsene Tochter Ava. Die beiden leben zusammen in Calabasas bei Los Angeles, mit ihr verbringt Richie die meiste Zeit. „Dad ist mein Fels in der Brandung, mein bester Freund", sagt Ava. „Er kümmert sich um mich, unterstützt mich in allen Dingen und hat immer ein offenes Ohr für meine Probleme. Er ist empathisch, liebevoll und sein Lachen ist einfach ansteckend." Dad Richie gibt zu: „Ich war früher sicher kein Engel und kein guter Vater. Aber ich habe gespürt, dass Ava mich braucht. Die Familie kommt immer zuerst!" Und dann erst die zweite große Liebe seines Lebens: die Gitarre.

Woodstock-Ost

Ihrem umtriebigen Manager Harold „Doc" McGhee (und dessen kriminellen Machenschaften) haben Bon Jovi das wohl größte Abenteuer ihrer Karriere zu verdanken: einen ganz besonderen Auftritt 1989 – hinter dem „Eisernen Vorhang".

McGhee, der außer Bon Jovi auch Gruppen wie Mötley Crüe und Skid Row betreute, war überführt worden, einen internationalen Drogenring bei der illegalen Einfuhr großer Mengen Marihuana von Südamerika in die USA unterstützt zu haben. Im Januar 1987 musste er sich dafür vor dem North Carolina Federal Court verantworten und bekannte sich schuldig. Überraschenderweise kam Doc ohne Haftstrafe davon, wurde zu einer Geldstrafe sowie Sozialdiensten samt Bewährungsauflagen verurteilt. Er musste in der Folge eine Anti-Drogen-Kampagne organisieren und wurde Gründer der „Make a Difference Foundation", einer Stiftung, mit der Geld für diverse Anti-Drogen-Programme gesammelt werden sollte. Dazu erschien ein Albumsampler, „Stairway To Heaven/Highway To Hell" betitelt, dessen Erlöse an die Foundation gingen. Obendrein kam er auf die Idee, das Music & Peace Festival in Moskau zu organisieren, bei dem im August 1989 auch Bon Jovi auftraten.

Jon Bon Jovi erinnert sich im Gespräch mit dem Autor an das Festival in Moskau, das als „Woodstock des Ostens" in die Rockgeschichte eingehen sollte: „Zu Zeiten von Glasnost und Perestroika, der Annäherung des Ostens, war dieses Konzert wirklich ein Wahnsinnserlebnis, zumal die Russen für uns Amerikaner ja jahrzehntelang die bad guys waren, die bösen Kommunisten. Russland galt als No-Go-Area. Der Kalte Krieg hatte in Amerika Ängste geschürt, US-Sportler etwa mussten nach Ansage von Präsident Carter 1980 die Olympischen Spiele in Moskau boykottieren. Und wir durften plötzlich das Lenin-Stadion (heute: Olympiastadion Luschniki, Anm. des Autors) rocken. Allein die Story, wie es dazu kam, ist ja abenteuerlich. Ich hatte keine Ahnung, dass mein Manager Doc McGhee quasi im Nebenjob Drogendealer war. Er hat seine Bands, also uns, Mötley Crüe und später die Scorpions, mit Geldern aus Drogenschmuggel finanziert. Eines Tages wurde er verurteilt, weil er ein kolumbianisches Drogenkartell beim Schmuggeln von Marihuana unterstützt hatte. Ein Teil der Strafe war sogenannter „Community Service". Da kam ihm die Idee zu einer Anti-Drogen-Kampagne und einem dazugehörigen Musikfestival. Über den Sänger Eddie Money hatte Doc kurz zuvor einen Russen namens Stas Namin kennengelernt, ein russisches Rock-Urgestein. Zusammen heckten sie den Plan aus, ein bahnbrechendes Friedensfestival in Moskau zu veranstalten. Vor Gericht schlug McGhee den Richtern diese Idee vor und sie willigten tatsächlich ein. Doc war im Grunde ein großartiger Typ, eine Mischung aus Elvis' legendärem Manager Colonel Tom Parker und einem kreativen Zirkusdirektor wie P.T. Barnum. Doc dachte immer groß, und davon haben wir eine ganze Zeit lang profitiert. Dass wir als Rockband in Moskau spielen und sogar die olympische Fackel entzünden durften, war für uns ein großes Ding! Ich erinnere mich an den Anflug. Ich durfte vorne beim Piloten sitzen und kam mir vor wie Captain Kirk, der mit der Enterprise auf einem fremden Planeten landet. Nach der Landung mit unserem Flieger, dem ‚Magic Bus', auf dem Moskauer Flughafen sah ich jede Menge Kriegsbomber aufgereiht, ein ganz schön martialischer Anblick zur Begrüßung. Im Stadion betrieb die Militärpolizei mehr Aufwand für die Sicherheit eines Fast-Food-Standes im Backstagebereich, der vom Hardrock Café in London gesponsort war, als für die 200.000 Fans oder für uns Bands. Die Russen kannten Hamburger und Fritten ja nur vom Hörensagen. Die Polizei hatte Angst, man würde den Stand stürmen. Aber die Menschen, die uns während dieser Reise begegneten, waren sehr herzlich und friedlich. Sie machten dem Music & Peace-Festival alle Ehre. Wir wussten anfangs ja nicht, was uns erwartete. Aber mir wurde relativ schnell klar, dass Musik alle vereint – Ost und West! Rock'n'Roll kennt eben keine Grenzen. Sogar die strengen Militärpolizisten warfen irgendwann im Konzert ihre Schirmmützen in die Luft. So was war dort unvorstellbar – bis zu diesem Zeitpunkt. Wir haben politisch und kulturell Barrieren eingerissen! Als ich mir während unserer Show frech die Schirmmütze eines Polizisten schnappte und damit auf die Bühne stürmte, rasteten die Fans vollkommen aus. Ein unbeschreibliches Erlebnis."

Die Scorpions in Moskau

„Little" Giveaway

Die Gitarre von Jimi Hendrix, die Brille von John Lennon, der Glitzerhandschuh von Michael Jackson – es gab schon einiges an wertvoller Pop-Memorabilia, das verlost oder versteigert wurde. Doch im Frühjahr 1989 setzte JBJ mit seinem „little Giveaway" dem Ganzen die Krone auf.

Der Robin Hood Drive in Sayreville, New Jersey. Hier, in dem bescheidenen, aber gepflegten Haus mit der Nummer 16, lebten die Bongiovis 24 Jahre lang. Die Straßen in der ruhigen Mittelklassegegend tragen englische Namen: Yorkshire Place, Sherwood Road, Cambridge Drive. Eine halbe Meile entfernt rauscht der Garden State Parkway Richtung New York City. „Dies ist nicht einfach nur ein Haus", betont Jon. „Das ist mein Elternhaus, hier habe ich meine Kindheit und Jugend verbracht. Hier habe ich den Rock'n'Roll für mich entdeckt und die Liebe."

Es ist eine krasse PR-Aktion, die sich der Musiksender MTV ausgedacht hat, um den damals aktuellen vierten

Bon-Jovi-Longplayer „New Jersey" zu promoten. Wegen des Albumtitels kam man auf die Idee, etwas ganz Persönliches zu verlosen, etwas, das eben „typisch New Jersey" war – Jons Elternhaus! Mehr ging nicht. Die Eltern spielten sogar gleich mit, denn der Fanandrang in Sayreville war nach dem Megaerfolg von „Slippery When Wet" so groß geworden, dass sich die Familie eh ein neues Domizil suchen musste. Ständig wurde das Haus von Fans aus aller Welt umlagert, es war zur Pilgerstätte geworden. Jons Mutter, die auch den Fanclub „Backstage with Jon Bon Jovi" leitete, hatte immer ein großes Herz für die Fans und Verständnis, aber die Nachbarschaft war weniger begeistert und ließ mehrfach die Polizei anrücken.

Also stimmten die Bongiovis dem Vorschlag von MTV zu, und am 30. März 1989 kam es schließlich zur Verlosung des Elternhauses von Jon Bon Jovi auf MTV. Der Sender, der maßgeblich zum Erfolg der Band beigetragen hatte, indem er Videos wie „Livin' On A Prayer" oder „Wanted Dead Or Alive" auf heavy rotation laufen ließ, hatte den Eltern, John und Carol Bongiovi, das Haus zuvor für eine stattliche Summe abgekauft. Die Aktion wurde ein PR-Erfolg mit über 800.000 Teilnehmern. Die Gewinner, Jay und Judy Frappier, bekamen von Jon nicht nur die Hausschlüssel in die Hand gedrückt, sondern auch noch einen Scheck über 10.000 Dollar obendrauf!

Und Familie Bongiovi zog um in ein neues Haus, ganz in der Nähe. Die Adresse blieb geheim.

House for Sale!

Mit einem geschätzten Vermögen von über 400 Millionen US-Dollar kann es sich Jon Bon Jovi locker leisten, mehrere Domizile zu besitzen: in Manhattan, in den Hamptons auf Long Island und im sonnigen Florida. Das architektonische Highlight ist ein Chateau im französischen Stil, ein Privatpalast, den JBJ einst für seine Familie bauen ließ. Seit 2021 steht das Anwesen in Red Bank, New Jersey, zum Verkauf …

1995 erstand JBJ ein Riesengrundstück (60.000 Quadratmeter) direkt am Ufer des Navesink River in New Jersey, das „High Point Estate", exzellente Lage. Dort, in Red Bank, Middletown, unweit seines letzten Wohnortes Rumson und nur 27 Kilometer von seinem einstigen Elternhaus in Sayreville entfernt, ließ Jon nach seinen konkreten Vorstellungen von Stararchitekt Robert A.M. Stern eine schlossähnliche Villa von gigantischen Ausmaßen errichten.

Das Haus aus hellem Kalkstein hat alles, was das Herz begehrt: einen eleganten Wohnsalon samt Kamin, eine modernste Küche mit Parkettboden, einen eigenen Kinosaal, einen Spa-Bereich mit Pool und angeschlossenem Fitnessraum. Man kann das Domizil durchaus mit einem internationalen Luxushotel vergleichen. Im ersten und zweiten Stock liegen die Privaträume der Familie und Jons Büro samt Archiv, in dem wertvolle Erinnerungen an seine Karriere lagern. Von der riesigen Terrasse hat man einen herrlichen Blick auf den Navesink River, die Bootsanlegestelle und den großzügigen Outdoorpool. Den Garten mit penibel gepflegtem Rasen muss man als parkähnlich beschreiben. Die sieben Doppelgaragen bieten ausreichend Platz für Jons Fuhrpark: einen Chevy Chevelle, Dodge Viper 280 ZX, Chevy Nomad, Mercedes, Ferrari, Mustang Shelby, Ford Roadster und zwei Harleys. Vier weitere Gebäude gehören zu dem Areal, eines davon beherbergt das „Shoe Inn", ein Pub, in dem

Jon Gäste und seine Bandkollegen bewirten kann. Den Bartresen samt Mobiliar ließ Jon eigens aus Frankreich importieren. In den ehemaligen Stallungen auf dem Gelände ließ der Hausherr ein Aufnahmestudio mit modernster Technik einrichten, in dem viele Bon-Jovi-Songs entstanden. 1999 zog Familie Bon Jovi in dieses Privatparadies, Jon, Dorothea und die Kinder Stephanie und Jesse. Auch Jacob und Romeo, die später geboren wurden, wuchsen hier auf. Viele Jahre waren sie hier glücklich. Jon, der sich politisch engagiert für die Demokratische Partei, stellte sein Haus gar für „fundraising dinners" zur Verfügung, bei denen finanzielle Mittel für den US-Wahlkampf gesammelt werden – für die Präsidentschaftskandidaten Al Gore im Jahr 2000, John Kerry 2004 und Barack Obama 2008.

2011 wurde in das Haus eingebrochen und Gegenstände im Wert von einer halben Million Dollar entwendet. Und 2012 wurde das Anwesen unweit des Atlantischen Ozeans von Hurrikan Sandy stark beschädigt.

Seit 2004 besitzt Jon auch ein Ferienhaus auf Long Island, im prestigeträchtigen East Hampton. Sein Elf-Zimmer-Domizil an der Lily Pond Lane, nur einen Steinwurf vom Strand entfernt, das einst der Künstler Edward Clark Potter erbauen ließ, wird als „historisch" eingestuft. Wer in den Hamptons lebt, hat es geschafft im Leben: Alec Baldwin, Robert DeNiro, „Piano Man" Billy Joel, Jennifer Lopez, Beyoncé und Jay-Z, Modedesigner Calvin Klein, Ex-Plattenmogul David Geffen (Geffen Records), Rapper P. Diddy, TV-Moderatorin Martha Stewart, Staranwalts-Tochter und PR-Managerin Lizzie Grubman, Comedian Jerry Seinfeld, Großinvestor Ron Perelman – die Liste ließe sich fortsetzen.

2020 entschied sich Jon überraschend, New Jersey den Rücken zu kehren. Nach gut 20 Jahren zog er mit seiner Familie vom eher kühlen Red Bank ins ewig sonnige Florida um, genauer gesagt nach Palm Beach, auch keine arme Gegend. Hier bewohnen die Bongiovis nun eine 43-Millionen-Dollar-Villa am North Ocean Boulevard, nur wenige Häuserblocks vom legendären Breakers Hotel entfernt. Und das noble Anwesen in New Jersey? Das steht zum Verkauf! Für 20 Millionen US-Dollar ist es zu haben. Bei Interesse bitte melden!

Die besten Coversongs

Über die Jahre, besser Jahrzehnte, haben Jon und Bon Jovi ein beachtliches Repertoire an eigenen Songs und Hits erarbeitet, mit denen sie Stadien und Arenen zum Überkochen bringen. Dennoch lassen es sich Jon und seine Jungs nicht nehmen, bei ihren Konzerten auch einige ihrer Lieblingssongs von anderen Künstlern einzubauen. Hier ihre besten Coverversionen:

1. Shout – The Isley Brothers (Original von 1959)
2. Can't Help Falling in Love – Elvis Presley (1961)
3. Rockin' All Over The World – John Fogerty (1975), Status Quo (1977)
4. With A Little Help From My Friends – The Beatles (1967)
5. Hallelujah – Leonard Cohen (1984)
6. The Boys Are Back In Town – Thin Lizzy (1976)
7. Jumpin' Jack Flash – The Rolling Stones (1968)
8. Travelin' Band – Creedence Clearwater Revival (1970)
9. I Won't Back Down – Tom Petty (1989)
10. Rockin' In The Free World – Neil Young (1989)
11. Johnny B. Goode – Chuck Berry (1958)
12. It's My Life – The Animals (1965)
13. We're An American Band – Grand Funk Railroad (1973)
14. Glory Days – Bruce Springsteen (1984)
15. Squeeze Box – The Who (1975)
16. Heroes – David Bowie (1977)
17. Drift Away – Mentor Williams (1970), Dobie Gray (1973)
18. Celluloid Heroes – The Kinks (1972)
19. I Don't Want To Go Home – Southside Johnny (1976)
20. Twist And Shout – Top Notes (1961), The Beatles (1963)

In Love mit Schwarzgurt-Dacki

Frage: Welcher weltberühmte Rockstar ist noch immer mit seinem Highschool-Sweetheart zusammen? Richtig: Jon Bon Jovi! Seit über 40 Jahren ist Dorothea an seiner Seite. Sie liebte ihn, als er noch völlig unbekannt war, ging mit ihm durch dick und dünn – und schenkte ihm vier Kinder.

„Ich war sicher nicht immer ein Heiliger", gibt Jon Bon Jovi unumwunden zu, was die Beziehung zu seiner Frau Dorothea angeht. Das gilt besonders für seine Sturm-und-Drang-Phase, als er mit seiner Band erste Erfolge feierte. Aber „Dacki", wie er sie gern nennt, hielt all die Jahre zu ihm – und heute ist Familie Bon Jovi glücklicher denn je.

Angefangen hatte alles im Sommer 1980 in ihrem Heimatort Sayreville, an der John T. Stevens Highschool, auch als Sayreville War Memorial School bekannt. Der junge Johnny, mittelmäßiger Schüler, aber talentierter Nachwuchsrocker, hatte ein Auge auf die hübsche, dunkelhaarige Dorothea Rose Hurley geworfen. Das Problem: Sie war mit Bobby liiert, ausgerechnet mit einem Freund von Jon. Jon inspirierte diese vertrackte Situation damals zu einem Herzschmerz-Song – „Bobby's Girl". Irgendwann war klar, dass Bobby zum Militärdienst zur Navy musste. Erst als er weggezogen war, fasste sich Jon ein Herz und gestand Dorothea seine Liebe. Sie erwiderte seine Gefühle und die beiden wurden ein Paar.

Dorothea unterstützte Jon schon vor Bon-Jovi-Zeiten und begleitete ihn regelmäßig zu Auftritten seiner Band Atlantic City Expressway. Bis heute sind die beiden unzertrennlich, auch die eine oder andere Affäre mit einem Groupie oder die Liaison mit Schauspielerin Diane Lane konnten der Beziehung letztlich nichts anhaben.

Ende April 1989, nach einem Konzert der „New Jersey Syndicate"-Tour in Los Angeles, flogen Jon und Dorothea heimlich nach Las Vegas und gaben sich dort in der Graceland Wedding Chapel in Anwesenheit eines Elvis-Doubles das Ja-Wort. „Wir haben niemandem davon erzählt", erinnert sich Jon. „Alles ging ganz schnell. Wir haben nicht mal in Vegas übernachtet." Doch nicht alle waren von der Aktion begeistert: Manager McGhee sorgte sich um die vielen weiblichen Fans, die jetzt sicher enttäuscht sein würden. Auch beide Elternpaare, die Bongiovis und die Hurleys, fühlten sich vor den Kopf gestoßen, weil sie nicht eingeladen waren. Aber: Jon und Dacki waren happy!

Nach der Hochzeit gab Dorothea ihren Job als Assistentin in einem Dentallabor auf, die beiden zogen in ein Haus in Rumson, New Jersey. Am 31. Mai 1993 kam Töchterchen Stephanie als erstes der vier Kinder zur Welt. Dorothea, so hört man, ist eine gute Mutter und generell eine sehr patente Frau, die für alles eine Lösung zu haben scheint. Und sie ist nicht nur eine hervorragende Köchin, sondern – Achtung! – auch eine starke Karatekämpferin mit schwarzem Gürtel.

Dorothea ist der Fels in der Brandung, der Kleber, der die Familie zusammenhält. Jon widmete ihr mehrere Lieder, etwa die Ballade „I'll Be There For You". Früher hielt sich Dacki, die am 29. September 1962 geboren wurde und damit etwas jünger ist als Jon, stets im Hintergrund; seit einigen Jahren zeigt sie sich öfter zusammen mit ihrem Mann. Neben den vier Kids – Stephanie Rose, Jesse (*19. Februar 1995), Jacob (*7. Mai 2002) und Romeo (*29. März 2004) – verbindet sie auch die Arbeit für wohltätige Zwecke, die Jon Bon Jovi Soul Foundation, für die sie beide seit 2006 unermüdlich im Einsatz sind. „Ich habe mit Dorothea die richtige Entscheidung getroffen und sehr viel Glück gehabt", sagt Jon. Zur Feier ihres 40. Jahrestags posierten die „Highschool Sweethearts" für eine Coverstory des US-Magazin People und verrieten die Geheimnisse ihrer Liebe …

Heiße Weihnacht!

. . . .

„Kunst kann ganz schön anstrengend sein", sagte Jon Bon Jovi einst und meinte es ironisch augenzwinkernd: Gemeint war der Dreh eines erotischen X-Mas-Videos mit Supermodel Cindy Crawford – für einen guten Zweck, versteht sich …

Weiße Weihnacht? Heiße Weihnacht! Die zwei, die da so innig und scheinbar verliebt unterm Tannenbaum feiern, während Kame-

Wiedersehen bei „Wetten, dass..?": Jon und Cindy im März 2000 mit Thomas Gottschalk in Duisburg

ras den Moment für die Ewigkeit sichern, sind ein echtes Traumpaar: Jon Bon Jovi, der Frauenschwarm und einer der heißesten Rockstars des Planeten, und Cindy Crawford, in den 1990er Jahren Anführerin der Riege der „Supermodels", zu der auch Naomi Campbell, Linda Evangelista, Christy Turlington, Eva Herzigova und Claudia Schiffer zählten. Die Aktion war im Sommer 1992 von US-Starfotograf Herb Ritts († 2002) initiiert worden, der sowohl Cindy als auch Jon bereits mehrfach abgelichtet hatte. Anlass für das Video war „Please Come Home For Christmas", ein Song, den Jon für das Charity-Album „A Very Special Christmas 2" aufgenommen hatte. Die Platte supportete die „Special Olympics", eine Art „Paralympics", sowie „Best Buddies", eine Non-Profit-Organisation für Menschen mit geistigen Einschränkungen und Entwicklungsstörungen.

Klar, dass die Medien Jon und Cindy sofort eine Liaison andichteten. Doch Cindy war zu dieser Zeit liiert mit Hollywoodbeau Richard Gere und Jon bereits verheiratet mit Dorothea. Da ging nix. Dennoch: Im Videoclip spielten sie den heißesten Flirt des Jahres absolut glaubhaft und professionell. Die Chemie stimmte sichtbar!

„Kuscheln mit Jon Bon Jovi für einen guten Zweck", kommentierte Cindy via twitter im Rückblick. Immer wenn Weihnachten naht, erinnert sie sich gern an diesen X-Mas-Dreh und teilt den Drei-Minuten-Clip mit ihren fünf Millionen Followern. In JBJ weckte sie damit nostalgische Gefühle: „Thanks for pulling this one out of the archives, @cindycrawford!"

Im Alleingang

Innerhalb von nur fünf Jahren waren Bon Jovi von absoluten Newcomern zu internationalen Rock-Superstars aufgestiegen. Ihre „New Jersey"-Worldtour wurde zum Triumphzug. Doch der Erfolgsdruck war enorm. Was viele nicht wissen: Bon Jovi waren nach Abschluss der Tour physisch wie psychisch am Ende. Die Band stand kurz vor der Auflösung.

Vom großen Durchbruch mit „Slippery When Wet" an ging es bei Bon Jovi Schlag auf Schlag. Verschnaufpausen waren nicht mehr drin. Mit „New Jersey" lieferten sie 1988 im Eiltempo ein Nachfolgealbum, das ebenso erfolgreich war und Top-Hits wie „Born To Be My Baby" oder „Bad Medicine" beinhaltete. Und es folgte erneut eine ausgedehnte Welttournee: die „Jersey Syndicate Tour", die am 31. Oktober 1988 in Dublin, Irland, begann, die Band auch wieder nach Deutschland führte und bis zum 17. Februar 1990 in Guadalajara, Mexiko, lief. Aufgrund der immensen Ticketnachfrage hatte Doc McGhee, der ausgebuffte Bandmanager, die Tournee immer wieder verlängert, natürlich primär aus finanziellen Gründen. Er hatte förmlich Dollarzeichen in den Augen, das Wohlbefinden der Musiker schien für ihn keine große Rolle zu spielen. „Wir kamen uns vor wie eine gottverdammte Geldmaschine", so Jon. „Aber rebellieren wollten wir nicht, schließlich hatten wir Doc viel zu verdanken."

Einige Konzerte musste Jon mit einem dicken Verband bestreiten, weil er sich am Schienbein verletzt hatte. „Der Adrenalinausstoß war so hoch, dass ich auf der Bühne keine Schmerzen spürte, aber gesund war das sicher nicht", erinnert er sich. Zum Schluss waren Richie, David, Alec, Tico und er K.o., ausgelaugt, körperlich wie mental völlig am Ende. Sie sprachen kaum noch miteinander, es gab Alkohol- und Drogenprobleme. Das Aus der Gruppe schien besiegelt. So konnte es nicht weitergehen. Trotz all der Erfolge, die Band wurde ja überall frene-

tisch umjubelt, plagten Jon plötzlich Depressionen. „Ich dachte, ich muss sterben", sagt der Frontmann rückblickend. „Aber ich hörte nur: Wir müssen weiter nach Australien, dann nochmal nach Europa. Ich konnte aber nicht mehr. Ich wollte nur noch in mein Bett und sterben …"

Nach der Tour stellte er alles in Frage, war enttäuscht von der Ausbeuterei seines Managements und vom Musikbusiness generell. Einen Ausweg aus der Misere wusste schließlich Dorothea: Sie schlug Jon einen ausgedehnten Motorradtrip durch die USA vor, auf seiner Harley! Da konnte er auf andere Gedanken kommen und sich richtig regenerieren. Und dabei kam ihm die Idee zu seinem ersten Soloalbum. Mit „Blaze Of Glory" wollte er beweisen, dass er auch ohne seine Band etwas auf die Beine stellen konnte. Jons erster Alleingang wurde auch zu seiner ersten Berührung mit dem Medium Film. Über eine Bekannte, die Schauspielerin Ally Sheedy, kam er in Kontakt mit Emilio Estevez, dem Bruder von Charlie Sheen. Der hatte die glorreiche Idee, Bon Jovis Cowboy-Song „Wanted Dead Or Alive" für einen Film zu nutzen, den er bald drehen würde: den Western „Young Guns II", der die wahre Geschichte von Revolverheld Billy The Kid und seiner Bande „The Regulators" erzählt. Jon fand jedoch, dass der Songtext von „Wanted Dead Or Alive", der vom Leben einer Rockband auf Tour handelt, nicht passt. Und hatte eine bessere Idee. Er schrieb gleich den ganzen Soundtrack: „Blaze Of Glory – Songs from and inspired by the movie Young Guns II". Für das Projekt konnte er sogar Legenden wie Pop-Superstar Elton John, Rock'n'Roll-Ikone Little Richard und Weltklasse-Gitarrist Jeff Beck gewinnen. Emilio

verschaffte dem Rockstar Jon obendrein einen Miniauftritt als Gefängnisinsasse in dem Streifen, in dem auch Kiefer Sutherland, Christian Slater und Lou Diamond Philipps mitwirken. Als eingefleischter Western- und Cowboy-Freak war Jon sofort Feuer und Flamme. Und er war neugierig auf das für ihn neue Medium Film.

Es war sein erster Kontakt mit Hollywood. Der spektakuläre Videoclip zum Titeltrack hatte dann auch Hollywood-Qualität: Gedreht wurde in der Wüste von New Mexico. Jon steht, ganz „lonesome Cowboy", mit seiner Gitarre breitbeinig auf einem Felsen und rockt den Gänsehaut-Song, der es in den US-Billboard-Charts auf die Spitzenposition schaffte. Ein Wahnsinnserfolg für Jon. Er verlieh ihm neue Kraft und Inspiration, für seine Zukunft als Künstler – und für die Band!

Neue Ufer

Mit dem „Blaze Of Glory"-Soundtrack für den Westernstreifen „Young Guns II" fing es an: Nach fünf erfolgreichen Alben mit Bon Jovi wollte Jon künstlerisch etwas Neues ausprobieren – und entdeckte die Filmbranche für sich. Er nahm Schauspielunterricht – und die Sache ernst. Seine Bedingung an die Regisseure und Produzenten: Auf keinen Fall eine Rolle als Rockstar oder Musiker! Und er machte klar: „I'll never quit my day job" – die Band spielte bei ihm nach wie vor die Hauptrolle.

JBJs 10 beste Filme & Rollen:

1. **„Moonlight & Valentino"**, 1995
Genre: Drama/Rolle: Der Maler
Co-Stars: Gwyneth Paltrow, Whoopi Goldberg

2. **„Die Stunde des Verführers"** („Leading Man"), 1996
Genre: Thriller/Rolle: Robin Grange
Co-Stars: Anna Galiena, Thandie Newton

3. **„U-571"**, 2000
Genre: Kriegsdrama/Rolle: U-Boot-Leutnant Pete Emmett
Co-Stars: Matthew McConaughey, Bill Paxton, Harvey Keitel

4. **„Grasalarm"** („Homegrown"), 1998
Genre: Komödie/Rolle: Danny
Co-Stars: Billy Bob Thornton, Hank Azaria, Ryan Phillippe

5. **„Das Glücksprinzip"** („Pay It Forward"), 2000
Genre: Drama/Rolle: Ricky McKinney
Co-Stars: Kevin Spacey, Helen Hunt

6. **„City Of Love"** („Little City"), 1997
Genre: Liebeskomödie/Rolle: Kevin
Co-Stars: Penelope Ann Miller, Annabella Sciorra

7. **„Row Your Boat"**, 1998
Genre: Drama/Rolle: Jamey Meadows
Co-Stars: Bai Ling, William Forsythe

8. **„Auch mehr ist nie genug"** („No Looking Back"), 1998
Genre: Liebesfilm/Rolle: Michael
Co-Stars: Lauren Holly, Edward Burns

9. **„Vampires Los Muertos"**, 2002
Genre: Horrorfilm/Rolle: Vampirjäger Derek Bliss
Co-Stars: Diego Luna, Arly Jover

10. **„Happy New Year"** („New Years Eve") , 2011
Genre: Liebesfilm/Rolle: Jensen (in der Episode: „Jensen & Laura's Story")
Co-Stars: Halle Berry, Katherine Heigl, Jessica Biel

Über seinen Ausflug nach Hollywood sagt Jon Bon Jovi: „Heute ist mir die Schauspielerei nicht mehr wichtig, aber damals hat sie mir geholfen, als Künstler zu wachsen."

JBJ als Maler im Filmdrama „Moonlight & Valentino"

Der verwehrte Traum

Als Schauspieler erhielt JBJ erstaunlich gute Kritiken. Das ist nicht selbstverständlich für einen „gelernten" Rocksänger! Er spielte einige interessante Rollen – doch sein größter Traum blieb ihm verwehrt ...

Zu seinen aktiven Schauspielerzeiten Mitte der 1990er Jahre träumte JBJ davon, eine Rolle in Michael Manns Actionthriller „Heat" zu ergattern. Vor der Kamera zu stehen neben seinen Helden Al Pacino und Robert DeNiro – das wär's. Aber der Part ging letztlich an Val Kilmer. Das konnte Jon ganz gut verkraften. Eine Sache nagt aber bis heute an ihm: Er hätte zu gern in „Die Sopranos" mitgespielt, dieser mittlerweile ikonischen Mafia-TV-Serie, die quasi in Jons Nachbarschaft spielte und dort auch gedreht wurde. Zwischen 1999 und 2007 entstanden sechs Staffeln. Die „Writers Guild of America" wählte die „Sopranos" auf Platz 1 der „101 Best Written TV Series".

Jon war ab der ersten Staffel „Sopranos"-Fan und auch immer schon fasziniert vom Phänomen Mafia. Elvis Presley bezeichnete seine Freundes-Clique einst als „Memphis Mafia", JBJ nannte seine Entourage während der „New Jersey"-Welttour „The Jersey Syndicate". Es ging ihm um Familie, Freunde, Abenteuer, Zusammenhalt. Sein Mitwirken bei den „Sopranos" hätte durchaus Sinn gemacht, nicht zuletzt ist er ja auch italo-amerikanischer Abstammung. Doch die Krux, was die „Sopranos" betraf: „Jons Gesicht ist einfach zu bekannt, als dass er glaubwürdig eine andere Rolle annehmen könnte, und er ist zu berühmt, um mit der Sopranos-Familie zu verkehren. Das wäre nicht authentisch", erklärt „Sopranos"-Produzent und -Erfinder David Chase. Immerhin gibt es eine nette Referenz: eine Szene, in der Christopher Moltisantes Freundin Adriana von Bon Jovi schwärmt und dabei „You Give Love A Bad Name" im Hintergrund zu hören ist.

Zwei namhafte Musikerkollegen aus New Jersey, Frankie Valli und Steven Van Zandt, schafften, wovon Jon immer träumte: Valli, Sänger der Four Seasons („Can't Take My Eyes Off You"), spielte in mehreren „Sopranos"-Folgen den Gangster Rusty Millio und Steven Van Zandt alias Little Steven, auch bekannt als langjähriger Gitarrist von Bruce Springsteens E Street Band, bekam gar eine Hauptrolle als Stripclub-Besitzer Silvio Dante, Tony Sopranos Consigliere. Van Zandt erinnert sich im Interview mit dem Autor: „Eine verrückte Story, denn mit Schauspielerei hatte ich ja nie was am Hut: 1997 durfte ich bei der „Rock & Roll Hall of Fame" eine Laudatio auf The Rascals, eine alte Rock'n'Roll-Kapelle, halten. David Chase, der Autor und Produzent der ‚Sopranos' sprach mich daraufhin an. Er sah schauspielerisches, humoristisches Talent in mir und bot  mir eine Rolle in der Serie an. Ich lehnte dankend ab, denn ich bin kein Schauspieler und wollte auch keinem anderen den Job wegnehmen. Doch Chase ließ nicht locker! Er meinte, ich sei ein Schauspieler, ich wüsste es nur noch nicht. Allen Ernstes sah er mich sogar als Tony Soprano, den Hauptdarsteller. HBO, der TV-Sender, erhob sofort Einspruch. Die fragten David, ob er nicht bei Sinnen sei. Schließlich bekam James Gandolfini den Part. Für mich war das absolut in Ordnung, denn James ist wie gemacht für diese Rolle, allein von der Statur her. Er kann furchteinflössend sein, aber genauso charmant. Ich selbst war zufrieden als Silvio Dante. Meine Beziehung zu Springsteen war übrigens Vorlage für die Beziehung von Silvio zu Tony Soprano. Ich bin in beiden Fällen bester Freund und Berater, Consigliere. Man wuchs zusammen auf, ging durch dick und dünn, ist füreinander da. Ich bin der Einzige, der ihm schlechte News überbringen darf. Ich wollte nie der Boss sein. Ich fühle ich mich in der zweiten Reihe sehr wohl."

POPULÄRER IRRTUM

Eine haarige Situation

Seinen weltweiten Erfolg hatte Jon Bon Jovi nicht nur Musik, Videoclips und seiner Stimme zu verdanken, sondern ganz klar auch seiner Optik, genauer: seiner unglaublichen Haarmähne. Er galt in den 1980ern immerhin als „König der Hair-Rocker". Doch der Schritt zum Schnitt in den 1990ern hat einen anderen Grund als oft angenommen.

Haare spielen im Pop von Beginn an eine gewichtige Rolle. Elvis' Tolle, die „Pilzköpfe" der Beatles, die Löwenmähne Tina Turners. In den 1980er Jahren prägen Frisuren gar einen ganzen Genrebegriff: „Hair Metal". Die Bands der Stunde, neben Bon Jovi etwa Mötley Crüe, Ratt, Dokken, Poison, Twisted Sister, Winger, Skid Row, Europe oder Cinderella, stylen sich um die Wette und steigern den CO_2-Ausstoß mit ihrem immensen Haarsprayverbrauch vermutlich beträchtlich. Selbst Schockrocker wie KISS, Ozzy Osbourne oder Alice Cooper machen plötzlich auf „Hair Metal". Over-The-Top-Frisuren waren einfach wichtig. Auch Jon Bon Jovi und seine Kollegen waren sich dessen bewusst und ganz stolz auf ihre üppige Haarpracht. Doch Anfang der 1990er wird „Hair Metal" langsam Geschichte, aus Seattle kommt die Grunge-Welle mit Bands wie Nirvana, Soundgarden und Pearl Jam. Es ist quasi eine Gegenbewegung: die Grunge-Bands tragen karierte Holzfällerhemden und abgewetzte Jeans statt Glitzerlook und die Haare eher strähnig und ungewaschen. Sie stehen lieber im Proberaum als vorm Spiegel.

1992. Nirvana halten mit „Nevermind" die Musikwelt in Atem. In der Szene hat sich in den vier Jahren seit der letzten Platte einiges verändert. Jetzt steht der Release des mit Spannung erwarteten neuen Bon-Jovi-Albums „Keep The Faith" an. „Unser Sound hat sich enorm weiterentwickelt", berichtet Jon, der musikalisch auf dem Laufenden ist und die Seattle-Szene verfolgt, ohne sie jedoch kopieren zu wollen. Passend zum neuen

Album überrascht er mit einem optischen Makeover: Er lässt sich seine Mähne deutlich kürzen. Seit jeher vertraut er diesbezüglich niemand anderem als seinem Vater John Bongiovi Senior, denn der ist von Beruf gelernter Friseur. Doch das neue Styling ist nicht etwa dem Grunge-Look geschuldet, sondern vielmehr einem Unfall. Es passierte ausgerechnet auf einer Grillparty im Garten seines großen Idols Bruce Springsteen, mit dem er sich angefreundet hatte: „Beim Barbecue habe ich mir am Grill ein großes Büschel Haare versengt", erinnert ich Jon. „Da ist einiges kaputt gegangen, ein Schnitt war daher unvermeidbar!" Ein kurzhaariger Jon Bon Jovi – das ist damals sogar CNN eine Breaking-News-Meldung wert. Die Fans reagieren erwartungsgemäß mit gemischten Gefühlen, die einen sind schockiert und trauern der Föhnwelle nach, die anderen mögen Jons neuen Look. Und JBJ? Der ist mittlerweile in Ehren ergraut – und steht dazu.

Frisch frisiert:
Jon Bon Jovi 1992

Leb dein Leben!

Im Mai 2000 erscheint „It's My Life", die erste Single aus dem neuen Album „Crush". Die Powerhymne mit der Frank-Sinatra-Referenz entwickelt sich zum erfolgreichsten Bon-Jovi-Hit der 2000er Jahre.

„Crush", das Nachfolgealbum von „These Days" (1995), kann man definitiv als eine Art Comeback bezeichnen, denn Jon hatte nach der extensiven Tournee eine Auszeit von Bon Jovi genommen, um das Soloalbum „Destination Anywhere" aufzunehmen und einige Filme zu drehen. Soeben hatte er die Dreharbeiten zum U-Boot-Thriller „U-571" beendet und steckte voller Tatendrang und positiver Energie, mit der er sich jetzt wieder seiner Band widmete. Frank Sinatra war ihm in jenen Tagen in den Sinn gekommen, denn der Weltklasse-Entertainer war auch beides: Sänger und Schauspieler! Jon konnte sich mit der US-Showlegende voll identifizieren. Seit jeher blickte er zu Sinatra auf: „Frankie hat in seiner Karriere unzählige Filme gedreht und ging bis ins hohe Alter auf Tournee. Das will ich auch!" Bandkollege Richie Sambora war jedoch nicht sonderlich beeindruckt, als ihm Jon von „Ol' Blue Eyes" vorschwärmte. Er zuckte nur mit den Schultern: „Wer interessiert sich bitte noch für Sinatra?" Doch Jon ließ sich nicht beirren und schrieb einen Text: „My Heart is like an open Highway / Like Frankie said: I did it my Way ..." Damit nahm er Bezug auf „My Way", die wohl berühmteste Ballade von Sinatra, in der es heißt: „I've lived a Life that's full, I've traveled each and ev'ry Highway, and more, much more than this, I did it my Way ..."

„It's My Life" wurde als erste Single aus dem neuen Album „Crush" ausgekoppelt und entwickelte sich rasant zum Top-40-Hit in den USA und gar zur Nr. 1 in Spanien, Belgien, Österreich und der Schweiz. In Deutschland schaffte es der Gute-Laune-Song immerhin auf Platz 2, kam allerdings an „Big Brother"-Zlatkos „Ich vermiss dich ... (wie die Hölle)" und Bomfunk MCs „Free-

styler" nicht vorbei. Außerdem wurde der Motivationssong „It's My Life" offizieller Titel des ZDF zur Fußball-EM 2000, die in Belgien und den Niederlanden ausgetragen und von Frankreich gewonnen wurde. Der Videoclip dazu wurde im März 2000 von Top-Regisseur Wayne Isham in Los Angeles gedreht. Mit Isham hatten Bon Jovi bereits in den glorreichen 1980er Jahren gearbeitet und verdanken ihm sämtliche Hit-Videos wie „You Give Love A Bad Name", „Livin' On A Prayer", „Wanted Dead Or Alive", „Born To Be My Baby" oder „Bad Medicine". Eine sichere Bank also. Die Story handelt von einem Teenager namens Tommy (gespielt von William „Will" Estes), dessen Mutter ihn bittet, den Müll rauszubringen, während seine Freundin Gina (Shiri Appleby) bereits bei einem Bon-Jovi-Konzert sehnsüchtig auf ihn wartet, das im 2nd Street Tunnel in LA stattfindet. Tommy läuft los, um schnell zu seiner Gina zu kommen und durchlebt dabei einige Abenteuer, inklusive haarsträubender Stunteinlagen. Inspiriert ist der Plot vom deutschen Kinoerfolg „Lola rennt".

Im Sommer 2021 knackte „It's My Life" bei YouTube die 1-Milliarde-Views-Grenze – zwanzig Jahre, nachdem die Single veröffentlicht wurde und zwölf Jahre, nachdem sie bei YouTube hochgeladen wurde. Ein echter Dauerbrenner, hinter dem aber noch ein weiteres Geheimnis steckt …

„Max"imaler Erfolg

Ein „Ghostwriter" war es, der Bon Jovi zu Beginn des neuen Millenniums mit „It's My Life" zu einem Super-Ohrwurm und einer ihrer größten Charterfolge verhalf. Die „geheime Schützenhilfe" kam aus dem fernen Schweden ...

Im Herbst 1999 begannen Bon Jovi mit den Aufnahmen zum siebten Studioalbum „Crush". Wenige Monate zuvor war völlig überraschend ihr Hausproduzent Bruce Fairbairn im Alter von nur 49 Jahren verstorben. Musikmanager John Kalodner empfahl Jon daraufhin den aufstrebenden Producer Luke Ebbin. Kurios: Luke und Jon verbindet das gleiche „Schicksal" – beide fingen einst als „Gopher" in den New Yorker Power Station Studios an, kannten sich aber nicht!

Das „Crush"-Album, das von JBJ zunächst als Soloalbum geplant war, sollte ursprünglich „Sex Sells" oder „One Wild Night" heißen. Anfang 2000 kam es dabei zu einer Zusammenarbeit mit Songwriter-As Max Martin. Geboren 1971 als Karl Martin Sandberg in Stockholm, Schweden, wurde er zu einem Komponisten und Produzenten der Superlative. Und Bon Jovi zählen seit jeher zu seinen Lieblingsbands. Mit seiner Soundexpertise half er nun, den Song „It's My Life", Opener des Albums, zu einem Riesenhit zu machen.

Der Schwede hatte sich schon in den 1990er Jahren einen Namen gemacht – wenn auch in einem ganz anderen Genre: Pop! Die Mitarbeit von Max wollten Bon Jovi damals nicht an die große Glocke hängen, eben weil er in erster Linie für Teenie-Pop-Hits für Boybands wie die Backstreet Boys und NSYNC oder Teen-Queen Britney Spears bekannt war. Den Namen Max Martin sucht man daher auf dem Albumcover von „Crush" vergebens, einen Songwriting-Credit gibt es nicht! Fürchtete man im Bon-Jovi-Camp etwa ums Rock'n'Roll-Image? Wollte Jon Schlagzeilen vermeiden wie „Bon Jovi kopieren jetzt die Backstreet Boys"? Gut möglich!

Dabei kommt Max ursprünglich vom Hardrock. Mitte der 1980er Jahre war er in seiner Heimat Sänger und Frontmann einer Glam-Metal-Band namens It's Alive und großer KISS-Fan. Zu jener Zeit lernte Max den Produzenten Denniz Pop (bürgerlich Dag Krister Volle, 1963–1998) kennen, der gerade den Hit „Hello Afrika" für Dr. Alban produziert hatte.

Denniz Pop – der Künstlername war Programm. Er war es, der den musikalisch begabten Max in die Geheimnisse des Songwritings, Arrangierens und der Produktion einwies. Bald entstanden in den Stockholmer Cheiron Studios gemeinsame Hits für Ace of Base, Dr. Alban und den Sänger E-Type, bald auch für hoffnungsvolle US-Newcomer wie die Backstreet Boys, NSYNC und Britney Spears, die durch die „Schweden-Hits" den weltweiten Durchbruch schafften. Schweden ist schon seit den 1970ern bekannt für seine Musikexporte: zuerst ABBA, dann Europe, Roxette und Ace of Base. Und der Schwede Max Martin wurde mit der Zeit zum „König der angerockten Pop-Hits", Beispiel „Larger Than Life" von den Backstreet Boys.

Fünf Grammys hat Max mittlerweile gewonnen, elf Mal den amerikanischen „ASCAP Songwriter of the Year"-Award. 2019 schätzte das Branchenmagazin Hollywood Reporter, dass bis dato weltweit 735 Millionen (!) von ihm komponierte und produzierte Singles verkauft wurden. Sein Hit-Geheimnis verriet Max der Stockholmer Zeitung Dagens Industri: „Wenn du den ersten, zweiten und dritten Chorus einer meiner Songs hörst, dann klingen sie nie gleich. Es ist die gleiche Melodie, aber die Energie ändert sich. Es geht darum, dass der Zuhörer die Konzentration behält." Zu seinen Erfolgsproduktionen zählen Britney Spears („Baby One More Time"), Backstreet Boys („I Want It That Way"), NSYNC („It's Gonna Be Me"), Rednex („Wish You Were Here"), Celine Dion („That's The Way It Is"), P!nk („U + Ur Hand"), Katy Perry („I Kissed A Girl"), Maroon 5 („One More Night"), Taylor Swift („Shake It Off"), Lady Gaga („Stupid Love"), Adele mit „Send My Love (To Your New Lover)" und „Blinding Lights" von The Weeknd.

„It's My Life", in acht Ländern Nummer 1 der Charts, liegt Max dabei besonders am Herzen, denn er war immer schon bekennender Bon-Jovi-Fan und damals eigens nach New Jersey gereist, um Jon und die Band kennenzulernen. Aus diesem Treffen resultierte die Zusammenarbeit, die ein „Max"imaler Erfolg wurde.

> **Von „Hit-Maschine" Max Martin:**
>
> Bon Jovi – „It's My Life"
> Backstreet Boys – „I Want It That Way"
> Britney Spears – „Oops! ... I Did It Again"
> Taylor Swift – „Shake It Off"
> Adele – „Send My Love (To Your New Lover)"
> Justin Timberlake – „Can't Stop The Feeling!"
> Kelly Clarkson – „Since U Been Gone"
> P!nk – „So What"
> Katy Perry – „Dark Horse"
> Avril Lavigne – „What The Hell"
> Céline Dion – „That's The Way It Is"

AHA!

Abrissparty!

Ein historisches Datum in der Bandgeschichte: Am 19. und 20. August 2000 sind Bon Jovi die letzte Band, die das altehrwürdige Wembley Stadion in London rockt. Dann wird es abgerissen.

1923 wurde die Arena der Superlative in Wembley im Nordwesten Londons eröffnet – und im Laufe der Zeit zu einem der berühmtesten und größten Stadien der Welt. Wembley war neben legendären Fußballmatches, etwa dem aus deutscher Sicht unglückseligen WM-Finale England – Deutschland 1966 (Stichwort: „Wembley Tor") und dem glücklicheren EM-Endspiel Deutschland – Tschechien 1996 (Stichwort: „Golden Goal") auch Schauplatz einzigartiger Popevents und Konzerte.

Bereits im August 1972 war hier etwa die „London Rock and Roll Show" über die Bühne gegangen, ein spektakuläres Festival mit US-Legenden wie Chuck Berry, Little Richard, Jerry Lee Lewis, Bo Diddley und Bill Haley. „Rocket Man" Elton John war als Performer ab den 1970er Jahren Stammgast im Wembley Stadion, ebenso wie die Rolling Stones, Pink Floyd, U2, Bruce Springsteen, Billy Joel, Fleetwood Mac, Tina Turner, Madonna und natürlich Queen.

Am 13. Juli 1985 schaute die ganze Welt auf Wembley: David Bowie, Phil Collins, The Who, Duran Duran, U2, Sade, Sting, Spandau Ballet, Bryan Ferry, George Michael, Paul McCartney, Status Quo, Dire Straits und Queen – die angesagtesten Stars dieser Zeit kamen und sangen, um bei Sir Bob Geldofs „Live Aid"-Festival Geld zu sammeln für die hungerleidenden Menschen in Äthiopien. 1,9 Milliarden Fans in 150 Ländern schauten via Satellit zu und spendeten über 120 Millionen US-Dollar. 1992 fand in Wembley das „Freddie Mercury Tribute Concert" zu Ehren des im Jahr zuvor an den Folgen von AIDS verstorbenen Queen-Sängers statt, das gleichzeitig AIDS-Awareness schaffen sollte und dessen Erlöse an den Mercury Phoenix Trust, eine AIDS-Charity-Organisation, gingen.

Mit 15 ausverkauften Konzerten ist Michael Jackson der Künstler, der die meisten Shows in Wembley spielte und insgesamt über eine Million Tickets verkaufte. Das sicherte dem „King of Pop" einen Eintrag ins Guinnessbuch der Rekorde. Aber natürlich haben auch Bon Jovi ihre Geschichte mit dem Stadion: Im Juni 1995 rockten sie gleich drei Mal hintereinander das weite Rund. Das Ganze wurde gefilmt und als „Live From London" auf DVD festgehalten. Am 19. und 20. August 2000 dann der historische Moment: Bon Jovi hatten die Ehre, der letzte Act zu sein, der im Stadion auftrat – bevor der altehrwürdige Bau, der so viel gesehen hatte, komplett abgerissen und neu erbaut wurde. Zu Beginn des Konzerts legten Jon, Richie, David, Tico und Hugh mit der Hymne „London Calling" von The Clash los – eine Hommage an die britische Millionen-Metropole. In der über zweistündigen Show durften Hits wie „Livin' On A Prayer", „You Give Love A Bad Name", „Bad Medicine", „Bed Of Roses" und „Runaway" (in überraschender Akustikversion!) nicht fehlen, dazu spielten JBJ & Co. das damals aktuelle Album „Crush" fast komplett, wobei „I Got The Girl" Jons Tochter Stephanie Rose gewidmet war. Dem britischen Rock huldigte die Band mit der Status-Quo-Version von „Rockin' All Over The World" und „Sympathy For The Devil" von den Rolling Stones, das in „Keep The Faith", die letzte Zugabe, eingearbeitet wurde …

Am Ende dieser letzten Wahnsinnsshow hatten einige der 72.000 Fans Tränen in den Augen. Und Wembley war History.

Skandal um tauchende Pferde

Es ist ein ganz besonderes Konzert im November 2003: Bon Jovi treten ausnahmsweise mal nicht in einem riesigen Stadion auf, sondern in intimer Atmosphäre in einem Hotel-Ballroom in Atlantic City. Im Vorfeld kommt es allerdings zu einem Eklat …

Atlantic City, das beliebte Spielerparadies an der Atlantikküste von New Jersey, ist das Ostküstenpendant zu Las Vegas in der Wüste von Nevada. Die Stadt hat zwar nur 40.000 Einwohner, aber es wimmelt täglich von zehntausenden glücksspielsüchtigen Touristen, die sich auf der Suche nach dem schnellen Dollar in Casinos und Spielhallen tummeln. Das supermoderne Luxushotel Borgata hat damals neu eröffnet, 48 Stockwerke hoch, mit 2798 Zimmern und Suiten. Von außen leuchtet es verführerisch golden in der Sonne. Es gibt vier Restaurants, einen Comedy Club, eine Pokerhalle, einen luxuriösen Spabereich und einen Eventcenter samt Ballroom. Hier gastieren Bon Jovi an zwei Abenden im November 2003, auch um die Live-DVD „This Left Feels Right Live" aufzunehmen unter der Regie von Jons jüngerem Bruder Anthony Bongiovi. Es ist eine exklusive Veranstaltung, für die nur 2400 Tickets vergeben werden. Die geladenen VIP-Gäste sitzen direkt vor der Bühne an runden Tischen, die „echten" Fans weiter hinten auf Tribünen. 20 Songs beinhaltet das Bon-Jovi-Set, darunter der Opener „Love For Sale", „You Give Love A Bad Name", „Wanted Dead Or Alive","It's My Life", „Last Man Standing", „Sylvia's Mother" (eine Coverversion von Dr. Hook), „Everyday", „Joey", „Thief Of Hearts", „Always" und als letzte Zugabe „Blood On Blood". Jon und Band zeigen sich in bester Spiellaune, es ist ein klasse Abend. Und für die Band eine wunderbare Abwechslung, nach all den gigantischen Stadiongigs auch mal wieder in übersichtlichem Rahmen aufzutreten.

Doch im Vorfeld gibt es, ausgelöst durch das Konzertplakat, einen Eklat: „Bon Jovi – From the Boardwalk, Atlantic City". Darauf zu sehen: ein Riesenrad – und ein Sprungturm, von dem ein Pferd ins Meer springt!

„Diving Horses", tauchende Pferde, waren in vergangenen Zeiten eine beliebte, wenn auch äußerst fragwürdige Touristenattraktion am Steel Pier in Atlantic City – frei nach dem Motto „Menschen, Tiere, Sensationen". Heute fällt das längst unter Tierquälerei und ist verboten! Bon Jovi denken sich damals jedoch nichts Böses dabei, als sie im Vorfeld das Poster sehen – und geben es frei. Aber: Sie haben die Rechnung ohne die Tierschutzorganisationen gemacht, die dagegen protestieren.

Der Hintergrund: Bis in die 1970er Jahre sorgte die Jahrmarktsattraktion „Diving Horses" für Aufsehen in den USA. Auf Pferden stürzten sich Reiterinnen bis zu fünfzehn Meter in die Tiefe – mit fatalen Folgen. Die berühmteste Reiterin war Sonora Carver. Sie trat in „Doc Carvers Pferdeshow" auf, ab 1929 an besagtem Steel Pier in Atlantic City. Nach einem Sturz erblindete sie – und machte trotzdem weiter. 1927 kam die Stute „Duchess of Lightning" bei einem Sprung von Lick's Pier in Ocean City, Kalifornien, ums Leben. Dort hatte man erstmals die Pferde nicht in ein Bassin, sondern ins offene Meer springen lassen. Nach dem Unglück bestand Betreiber Carver auf dem Bau eines Bassins in Atlantic City. Lebensgefährlich war die Aktion noch immer. Proteste von Tierschützern sorgten schließlich dafür, dass keine Pferde mehr vom Turm springen mussten.

Fazit der Geschichte für Bon Jovi: Ab diesem Zeitpunkt achteten sie genauer auf die Motive ihrer Konzertplakate.

Weltstars als Vorgruppe

Ganz zu Beginn ihrer Karriere spielten Bon Jovi als Anheizer für namhafte Bands wie die Scorpions, KISS oder Judas Priest. 1995 bei der „These Days"-Tour waren sie längst Headliner – und hatten eine „Vorband", die noch berühmter war als sie.

Ein lauer Maiabend 1995. Auf ihrer „These Days"-Welttour machen Bon Jovi Halt in Bremen. Es ist das erste Deutschlandkonzert dieser Tournee. Während Jon & Co. im ausverkauften Weserstadion ihre allerletzte Zugabe „I'll Be There For You" rocken, ist die Vorgruppe bereits ins Hotel zurückgekehrt. Und das sind überraschenderweise echte Weltstars: Van Halen! Wie bitte? Eine der legendärsten und angesagtesten Bands der Rock-Geschichte als Opener für die (fraglos erfolgreichen) Hair-Rocker aus New Jersey? Hätte man diese Story jemandem in Amerika erzählt, man wäre für verrückt erklärt worden. In den Staaten wurden Van Halen, die bereits 1978 mit ihrem Debütalbum für Furore sorgten, als die Rockgötter schlechthin gefeiert, galten als unangefochtene Nummer 1. Anführer und Namensgeber war Edward Van Halen, genannt Eddie. Der Ausnahme-Gitarrist war Gründer und Mastermind jener Megatruppe, die in ihrer Heimat schon mal vor bis zu einer halben Million Menschen auftrat. Ein begnadeter Vollblutmusiker wie von einem anderen Stern: „Ohne Gitarre ist er gar nicht vorstellbar", „Keiner hat seine Gitarre mehr geliebt", „Er hat die Rockgitarre revolutioniert wie vor ihm nur Jimi Hendrix", hieß es in Fachkreisen.

Ich traf EVH damals nach der Show an der Bar des Bremer Park Hotels. Die Haare trug er kurz und blondiert, nicht fehlen durfte die obligatorische Zigarette. Damals war Rauchen in Bars noch erlaubt. Kaum jemand nahm Notiz von ihm, trotz seines auffällig humpelnden Ganges. Die Hüfte! Höllische Schmerzen als Folge jahrelanger akrobatischer Bühnen-Action. Er litt an Avascular Necrosis, Knochennekrose, eine Hüft-OP stand kurz bevor. Jetzt bestellte sich der lädierte Gitarrengott, den auch Jon Bon Jovi und Richie Sambora seit dem „Van Halen"-Debüt 1978 verehrten, nein, kein Feierabendbier, sondern ein Mineralwasser – er hatte gerade gerade einen Alkoholentzug erfolgreich hinter sich gebracht. Er machte einen freundlichen Eindruck und ich konnte nicht anders, als ihm meine Überraschung auszudrücken, dass er hier in Deutschland mit Van Halen, bei allem Respekt für Bon Jovi, als Aufwärmer antrat. Doch er entgegnete völlig gelassen und souverän: „That's okay, man. Wir sind ja nicht als Vorgruppe gebucht, sondern als Special Guests, und ein Gig ist für mich ein Gig, auch wenn wir vor dem Hauptact auftreten. Wir haben immer Spaß", lachte er, „und wir sind früher an der Bar!"

Van Halen 2015 in Toronto, Kanada

Eddie Van Halen, der im Oktober 2020 mit 65 Jahren verstarb, musste sich und niemandem mehr irgendwas beweisen. Und „Fan" Jon hatte sich den Traum erfüllt: mit den Idolen seiner Jugend auf Tour zu sein.

Über den Wolken

Luxus pur: Bereits wenige Jahre nach Bandgründung können es sich Bon Jovi leisten, per Privatjet zu reisen – in den USA und in Europa. Das bringt einige Vorteile.

Über den Wolken muss die Freiheit wohl grenzenlos sein … Ja, das stimmt sicher. Aber bevor Bon Jovi diese Art von Freiheit genießen konnten, mussten sie erstmal zehntausende Meilen auf staubigen Highways runterreißen, als sie zu Karrierebeginn im Vorprogramm von Acts wie Judas Priest oder Eddie Money („Take Me Home Tonight") durch die Staaten tourten. Nicht selten musste die gesamte Band damals mangels finanzieller Mittel in ihrem muffigen Tourbus übernachten.

Doch mit dem Erfolg des Albums „Slippery When Wet" sollte sich das ändern. Auf Anraten ihres Managers McGhee, eines Mannes, der nur groß denken kann, investierte man in den Kauf eines schnittigen Gulfstream-1-Jets. Ein Privatjet – das bedeutete nicht nur unglaublichen Luxus, sondern auch ein großes Stück Unabhängigkeit: kein endloses Schlangestehen mehr beim Einchecken in überfüllten Terminals, kein Termindruck, Abflug mehr oder weniger nach Belieben. Jetzt waren Bon Jovi in einer anderen Rockstar-Liga angekommen, bei Superstars wie den Rolling Stones, Led Zeppelin, Deep Purple, den Eagles und auch Mötley Crüe, die alle auf ihren Tourneen per Privatjet unterwegs waren. Elvis Presley († 1977), eines von Jons erklärten Idolen, war einst – wie es sich für einen „King" gehört – mit einer geräumigen Convair CV 880 unterwegs, die von der Fluggesellschaft Delta Airlines ausgemustert worden war und die er 1975 für 250.000 Dollar (heutiger Kurs: 1,1 Mio. Dollar) erstanden hatte. Der „King" benannte die Maschine nach seinem einzigen Kind, seiner Tochter Lisa Marie. Das Passagierflugzeug verfügte über ein Schlafzimmer im hinteren Bereich, einen Konferenzraum, eine Bordbar und ein Badezimmer samt vergoldeten Waschbecken. Nicht zu

Unrecht nannte man es „fliegendes Graceland". Ganz so übertrieben luxuriös ging es bei Bon Jovi nicht zu.

Im April 1993 durfte ich als BRAVO-Reporter die Band im Rahmen der „I'll Sleep When I'm Dead"-Tour auf dem Airport Nürnberg empfangen, wo sie aus Amsterdam kommend landete. Punkt 16.15 Uhr standen Fotograf Fryderyk Gabowicz und ich direkt am Rollfeld, als Jon, Richie, Alec, David, Tico sowie Tourmanager Dave Davis und Securitychef Patrick Prendergast die Treppen ihres grau-roten Flugzeugs, Marke Gulfstream 1, Kennzeichen N 109 P, hinabstiegen. Für eine Exklusiv-Story zeigte uns Jon den Flieger mit dem aufgesprühten „BON JOVI Keep The Faith"-Logo. „Eine Flugstunde kostet etwa 5000 Dollar", erklärte er mir, „aber es lohnt sich." Stewardess Vicky Kopec las der Band jeden Wunsch von den Lippen ab, servierte Pasta, Steaks und Drinks. Richie träumte davon, eines Tages selbst die Fluglizenz zu machen und Drummer Tico saß am liebsten ganz hinten: „Ich habe zwar keine Flugangst", meinte er, „aber fester Boden unter den Füßen ist mir lieber …"

Der Autor und Bon Jovi vor dem Tourjet im April 1993

2006 war es tatsächlich einmal zu einem dramatischen Zwischenfall gekommen: Notlandung im kanadischen Hamilton bei Toronto! Das Privatflugzeug der Band, an Bord insgesamt 14 Passagiere, war beim Touchdown über die regennasse Landebahn hinausgeschossen und nach einigen Schrecksekunden schließlich im Gras zum Stehen gekommen. Wie durch ein Wunder wurde niemand verletzt, berichtete die Zeitung „The Globe And Mail". Am Abend zuvor hatten Bon Jovi ein Konzert im amerikanischen Buffalo, Bundesstaat New York, direkt an der kanadischen Grenze, gespielt. Trotz schlechten Wetters wollten sie noch in der Nacht weiter nach Toronto, dem nächsten Tourstopp. Nach der missglückten, aber letztlich doch glücklichen Landung konnten sie ihr Konzert wie geplant spielen, aber der Schock saß ihnen tief in den Knochen.

Mittlerweile sind Bon Jovi mit einem anderen Jet unterwegs, einer Bombardier Challenger 850, weiß mit zwei roten und einem goldenen Streifen, Zulassungsnummer N 888WU LLC. Und die Fans hoffen, dass er bald mal wieder in Deutschland landen wird.

AHA!

Rock'n'Royal

Sir Paul McCartney. Sir Elton John. Sir Rod Stewart. Im Vereinigten Königreich ist es gang und gäbe, dass britische Popstars geadelt werden: Rock meets Royals! Doch auch der smarte Jon Bon Jovi schaffte es, enge Kontakte zum englischen Hochadel zu knüpfen.

Als gebürtiger Amerikaner kann Jon zwar niemals „Commander of the British Empire" und somit „Sir" werden, aber seine Verbindung zu Prinz Harry, auch bekannt als Herzog von Sussex, nutzte JBJ, um einmal mehr einem guten Zweck zu dienen!

Der Mann, den man früher mit „His Royal Highness Prince Henry Charles Albert David, Duke of Sussex" ansprechen musste, ist erklärter Bon-Jovi-Fan und konnte Jon gewinnen, ihn bei den Invictus-Games zu unterstützen, jener paralympischen Sportveranstaltung für kriegsversehrte Soldaten, die er ins Leben gerufen hatte und die 2014 erstmals im Londoner Queen Elizabeth Olympic Park ausgetragen wurde. Bei den ersten Spielen starteten über 300 Sportlerinnen und Sportler aus 13 Ländern. Die Soldaten hatten an der Seite von britischen Truppen im Afghanistan-Krieg gekämpft und waren bei Kampfeinsätzen verwundet worden. Auf die Idee zu dem Wettbewerb kam Prinz Harry, nachdem er 2013 als Mitglied eines Teams britischer Soldaten an den US-Warrior-Games teilgenommen hatte.

Im Frühjahr 2020 trafen sich Jon und Harry schließlich in den legendären Abbey Road Studios in London, wo einst die Beatles all ihre Hits einspielten. Dort nahmen sie zusammen mit dem Invictus-Games-Choir, einem Soldatenchor, den Bon-Jovi-Song „Unbroken" vom Album „2020" in einer neuen Version auf, als neue Hymne der Invictus-Games. Die Erlöse aus dem Verkauf der Single gehen an die Invictus-Games Foundation zur Unterstützung der Genesung und Rehabilitation von international verwundeten, verletzten oder kranken Militärangehörigen. Zu PR-

Zwecken ließen sich Harry, Jon und zwei Sportler der Invictus-Games beim Überqueren des berühmten Zebrastreifens vor den Abbey Road Studios ablichten – so wie die Beatles für ihr legendäres „Abbey Road"-Albumcover. Zusammen mit seiner Frau Meghan gründete Harry eine Filmproduktionsfirma namens „Archewell Productions", die jetzt das Gesamtprojekt für Netflix verfilmt.

Übrigens: Auch Harrys älterer Bruder, Prinz William, ist begeistert von Bon Jovi. Bereits 2013 stand er mit Jon und Taylor Swift bei einer Spendengala im Kensington Palace auf der Bühne – und schmetterte mit ihnen „Livin' On A Prayer"!

Rockstars & Politiker

Einst als wilder Partyrocker in den unbeschwerten 1980er Jahren gestartet, entwickelte Jon Bon Jovi mit zunehmendem Alter politisches Bewusstsein und wurde sich seiner Verantwortung als Top-Celebrity und Staatsbürger bewusst. Inzwischen verfügt er über beste Kontakte in die Politik und wurde gar zum Wahlkämpfer.

Ein Geschäftsmann, der vor einigen Jahren in den USA im selben Flieger saß wie US-Präsident Bill Clinton und Jon Bon Jovi, die gemeinsam unterwegs waren, fragte die beiden: „Wer von Ihnen hat eigentlich den besseren Job?" Darauf Jon schlagfertig: „Ich! Ich kann mein Haus und meinen Flieger behalten …"

Jon Bon Jovi ist überzeugter Demokrat, ein liberal denkender Mensch mit Wurzeln in der Working Class. „Meine Eltern mussten hart arbeiten für unser Auskommen, keiner in unserer Familie hat studiert", sagt er. Jons Einstieg in die Welt der Politik hat auch mit Bill Clinton zu tun: Der 42. Präsident der Vereinigten Staaten hatte ihn im Jahr 1996 völlig überraschend zu einem Galadinner ins Weiße Haus eingeladen. Anlass war ein Empfang für den damaligen italienischen Staatspräsidenten Oscar Luigi Scalfaro. Jon alias Bongiovi schaffte es als „vorzeigbarer" erfolgreicher Italo-Amerikaner bei dem hohen Staatsbesuch auf die Gästeliste. Er war gerade aus London zurückgekehrt von den Dreharbeiten zum Filmdrama „Die Stunde des Verführers – The Leading Man" und staunte nicht schlecht über die noble Einladung. Den Smoking dafür musste er sich ausleihen, denn er besaß zu jener Zeit noch keinen.

Illustre Gäste an jenem Abend waren weitere Celebrities mit Italienbezug: Starregisseur Martin Scorsese, Filmdiva Sophia Loren und Hollywoodstar Nicolas Cage, der bürgerlich Coppola heißt und ein Neffe von Regielegende Francis Ford Coppola ist. Dieser Abend war Jons Eintritt in eine neue, faszinierende

Welt. In den USA ist es durchaus üblich, dass Rockstars von Politikern umworben werden, um sie zu unterstützen, denn Rockstars sind der populäre „Adel Amerikas". Beste Beispiele: Elvis, der „King of Rock'n'Roll" oder Aretha Franklin, die „Queen of Soul". Jon fühlte sich jedenfalls geschmeichelt. Und so kam es, dass er in der Folge immer wieder Präsidentschaftskandidaten der Demokraten im Wahlkampf unterstützte: im Jahr 2000 etwa Spitzenkandidat Al Gore, bei dem er gern – augenzwinkernd –

Bon Jovi und Lady Gaga treten gemeinsam bei einer Wahlkampfveranstaltung für Joe Biden auf.

„Staatsminister für Entertainment" geworden wäre, 2004 dann John Kerry, 2008 Barack Obama, 2016 Hillary Clinton und 2020 Joe Biden.

Als im Herbst 2005 das neunte Bon-Jovi-Album erschien, sollte es eigentlich den Titel „Welcome To Wherever You Are" tragen. Letztlich entschied sich Jon jedoch für „Have A Nice Day" (im Sinne von: „Schönen Tag noch!"), basierend auf dem Frust der vergangenen Präsidentschaftswahlen. Jon Bon Jovi hatte sich im Wahlkampf für den demokratischen Herausforderer John Kerry stark gemacht und verarbeitete in dem Titelsong seine Enttäuschung über dessen Niederlage gegen George W. Bush.

Positivere Erinnerungen hat Jon an Barack Obama, der 2009 44. Präsident der Vereinigten Staaten wurde. Den „Commander in Chief" durfte er zwei Mal begleiten: einmal in der Air Force One auf einem Flug von Washington DC nach New York City und einmal in der Staatskarosse, einem gepanzerten, bombensicheren schwarzen Cadillac, genannt „The Beast". Seine Augen leuchten, als er davon erzählt: „Ich sang im Waldorf Astoria Hotel in New York bei einer Wahlkampfveranstaltung für Obama. Danach wollte ich gerade in unseren Van einsteigen, als ich plötzlich gebeten wurde, Obama zum JFK-Airport zu begleiten, im ‚Beast', samt Eskorte. Ein unvergesslicher Trip. Als wir den Times Square passierten, wollte ich mein Gesicht förmlich ans abgedunkelte Fenster pressen, ich wollte unbedingt, das die Leute mich sehen können. Ein Ritt in The Beast, das hat nicht mal Sinatra geschafft …"

In Anlehnung an Obamas Wahl-Slogan „Yes We Can" nannte Jon die Welt-Tour zum Album „What About Now" dann auch „The Because We Can"-Tour, die im Februar 2013 in Washington DC startete und die Band bis zum Abschlusskonzert in Brisbane, Australien, im Dezember 2013 durch fünf Kontinente führte.

Nach einem spannenden Wahlkampf wurde 2021 Demokrat Joe Biden zum neuen US-Präsidenten ernannt. Er löste den viel kritisierten Republikaner Donald Trump nach nur einer Amtszeit ab. Und wieder war Jon Bon Jovi am Start: Im Rahmen des von Tom Hanks moderierten TV-Specials „Celebrating America – The Biden-Harris Inauguration 2021" performte er an einem Traumstrand in Miami, Florida, den Beatles-Klassiker „Here Comes The Sun" von George Harrison, während hinter ihm malerisch, fast kitschig, die Sonne im Meer versank. Der Song hat eine tiefere Bedeutung, eine Botschaft: Hier kommt die Sonne, es wird wieder Licht. Nach der für viele Menschen politisch düsteren Phase von Präsident Trump sollte mit Biden nun die Hoffnung wiederkehren. Auf Friede, Freiheit, Einigkeit.

POPULÄRER IRRTUM

Das „Kompliment"

Es geschah im Sommer 2015. Chris Christie, seit 2010 amtierender Gouverneur von New Jersey, also der Heimat von Jon Bon Jovi und Bruce Springsteen, wurde in einem Interview gefragt, wen der beiden er musikalisch bevorzuge. Und Christie antwortete: „Bon Jovi!"

Als Jon von dem „Kompliment" erfuhr, fühlte er sich jedoch keineswegs geschmeichelt – im Gegenteil. „Jeder weiß, welchen Respekt ich vor Bruce und seiner E Street Band habe. Und damit hat es sich. Die machen ihr Ding und wir unseres. Wir sind hier doch nicht bei einem Wettbewerb", sagte Jon, als er von der Presse mit der Aussage konfrontiert wurde.

Von Republikaner Christie war eigentlich bekannt, dass er langjähriger Springsteen-Fan ist und immer wieder gern erzählte, dass er den „Boss" in über 130 Konzerten live erlebt habe. Aber in jenem Jahr nutzte er die Musik von Bon Jovi für seinen Wahlkampf. Dafür wurde Christie wiederum von den Medien kritisiert und ruderte zurück, indem er behauptete: „,Born To Run' von Springsteen sei für ihn das beste Rockalbum aller Zeiten!"

Jon Bon Jovi hat aber durchaus Verbindungen zu Christie: Nach der Hurrikan Sandy Katastrophe im Herbst 2012 spendete er eine Million (!) Dollar an den „Mary Pat Christie's Hurricane Sandy New Jersey Relief Fund", die Stiftung von Christies Frau. Und er unterstützte Christie beim Wiederaufbau seiner Heimatstadt Sayreville nach der verheerenden Naturkatastrophe. In der Folge gestattete er dem Politiker dann, einige seiner Songs – „Because We Can", „It's My Life", „We Weren't Born To Follow" und „Who Says You Can't Go Home" – für seine Wahlkampagne zu nutzen.

Die Ironie der ganzen Geschichte: Weder Jon Bon Jovi noch Bruce Springsteen, beide überzeugte Demokraten, sind „Fans" oder Wähler von Chris Christie. Im Wahlkampf supporteten beide damals Hillary Clinton, die Kandidatin der Demokraten.

AHA!

Big Business

In den vergangenen vier Dekaden hat Jon mit Bon Jovi über 130 Millionen Tonträger verkauft und weltweit die größten Arenen und Stadien gerockt. Er schaffte es vom „Hair-Rocker" der 1980er Jahre zum respektierten Musiker und Grammy-Gewinner, der 2009 in die „Songwriters Hall of Fame" und 2018 in die „Rock & Roll Hall of Fame" aufgenommen wurde. Doch Jon, bekannt für seinen Ehrgeiz und Tatendrang, wollte mehr.

Mit den Jahren begann er sich neben der Musikkarriere und einem Ausflug in die Schauspielerei auch für's Business zu interessieren. Verantwortung für seine Band trug er schon immer, die Musiker sind bis heute seine Angestellten, doch Jon suchte stets neue Herausforderungen und entwickelte sich mit der Zeit zum gewieften Geschäftsmann. „Wenn man erfolgreich sein will", so sein Credo, „darf man keinen Trends nachjagen oder erfolgreiche Konzepte kopieren. Man sollte nur das tun, woran man wirklich glaubt. Dann ist Erfolg nur eine Frage der Zeit."

Das sind keine leeren Worte. Mittlerweile macht Jon Bon Jovi Big Business – und er expandiert stetig, entwickelt unermüdlich immer neue Ideen. Von 2004 bis 2008 war der begeisterte Sportfan Mitinhaber des US-Footballteams Philadelphia Soul. Seit Jahren verkauft Jon „Bongiovi" Pastasaucen in Geschmacksvarianten wie Marinara und Arrabbiata. Sie basieren auf einem Geheimrezept der Urgroßmutter. In dieses Business sind neben Jon auch Vater John und die Brüder Matt und Anthony eingebunden sowie ihre Tante, die für den finalen Qualitätscheck zuständig ist.

Außerdem bei Jon im Angebot: Kreuzfahrten in der Karibik und im Mittelmeer unter dem Motto „Runaway to Paradise". An Bord des Kreuzfahrtschiffs „Norwegian Pearl" sorgt JBJ für die Unterhaltung der 2200 Passagiere – mit Akustikkonzerten, bei denen er über die Hintergründe seiner Songs erzählt. Und dann

Bei seinen Konzerten wirbt JBJ ganz ungeniert für die familieneigene Tomatensauce …

vertreibt er noch Jeans, Shirts und Schmuck der Marke „Hart N Dagger by Jon Bon Jovi".

Ganz besonders am Herzen liegt ihm ein Projekt, das er zusammen mit seinem Sohn Jesse ins Leben gerufen hat: ein eigenes Weinlabel! „Diving into Hampton Water" heißt der Premium-Rosé, den die beiden mit ihrem Partner, dem französischen Winzer Gérard Bertrand aus den Rebsorten Syrah, Mourvèdre, Cinsault und Grenache kreiert haben.

Jon und Weinexperte Gérard verbindet mehr, als man meinen könnte: Beide starteten etwa um 1984 ihre Karrieren. Jon als Musiker, Gérard als Rugbyspieler beim Racing Club de Narbonne Méditerranée. Nach seiner sportlichen Laufbahn wurde er Winzer, der als begeisterter Musikfan auf seinem Weingut Château Hospitalet jährlich ein Jazzfestival veranstaltet. „Wein und Musik – das ist eine organische Verbindung", sagt Jon. „Und wir haben festgestellt, dass wir die Liebe zur Familie, gutem Essen, Freunden und natürlich zu Wein und zu Musik teilen." Der eine lebt diese Liebe in den Hamptons, der andere bei Narbonne Plage in Frankreich. Ihr gemeinsamer Wein soll eine Essenz aus südfranzösischem Savoir-vivre und relaxtem Lifestyle der US-Ostküste darstellen.

Mit einem geschätzten Vermögen von etwa 410 Millionen US-Dollar zählt Jon Bon Jovi zu den vermögendsten Entertainern der Welt und liegt damit noch vor seinem Idol Mick Jagger, der es auf geschätzte 360 Millionen bringt.

Vom Millionär zum Tellerwäscher

Tue Gutes – und sprich darüber! Diesen Grundsatz hat Jon Bon Jovi verinnerlicht. Seine Prominenz nutzt er für eine gute Sache: die „Jon Bon Jovi Soul Foundation", eine Stiftung, die er 2006 mit seiner Frau ins Leben rief. Und Jon spricht nicht nur darüber, er packt auch selbst mit an.

„Hey, ich bin sicher der bestaussehende Tellerwäscher der ganzen Ostküste", scherzte JBJ mal augenzwinkernd in die Kameras. Er stand dabei in der Küche und spülte tatsächlich eifrig Geschirr – in einem seiner „Soul Kitchen"-Restaurants, mit denen er und seine Frau Dorothea seit 2011 Bedürftige unterstützen. Und es kommt vor, dass sich Jon stundenlang in die Küche stellt und fleißig mithilft – und zwar nicht nur, wenn Medienteams eingeladen sind, um zu berichten. PR ist wohl wichtig, aber Jon merkt man an, dass seine Hilfsbereitschaft von Herzen kommt.

Das Konzept der „Soul Kitchen": Menschen, die nicht über die finanziellen Mittel verfügen, sich eine gesunde warme Mahlzeit zu leisten, können in die Restaurants kommen und werden bedient. In der „Soul Kitchen" gibt es auf der Speisekarte keine Preise. Die Besucher zahlen freiwillig, was sie geben können. Und Gäste, die es sich leisten können, haben die Möglichkeit, auch für das Essen anderer zu bezahlen. Fast die gesamte Arbeit wird hier von freiwilligen Helfern geleistet, die meisten Lebensmittel werden gespendet. „Das Konzept wird gut angenommen, viele Freiwillige arbeiten mit. Über 100.000 Mahlzeiten haben wir bisher verkauft!", so Jon.

Die Jon Bon Jovi Soul Foundation, eine Non-Profit-Organisation, hatte Jon bereits 2006 mit seiner Frau gegründet. „Wir konnten bislang auch 500 Wohnungen und Häuser für Bedürftige bauen", berichtet er nicht ohne Stolz, „dazu die mittlerweile drei Restaurants in New Jersey." Und seine Frau Dorothea, die Schirmherrin, die 2011 die Idee zu den „Soul Kitchen"-Restaurants hatte, sagte in einem Interview: „Hunger sieht nicht so aus, wie es sich das geistige Auge vorstellt. Es können die Menschen in Ihrer Kirche sein, die Kinder, die mit Ihren Kindern zur Schule gehen. Wir sind jedenfalls sehr dankbar, Teil einer großartigen, hilfsbereiten Community sein zu dürfen. Wir arbeiten zusammen, wir unterstützen Menschen und wir geben ihnen Hoffnung, nach unserem Motto: ‚Hoffnung schmeckt köstlich'!"

Charity war Jon schon früh in seiner Karriere wichtig. Bereits 1985 rockte er mit Bon Jovi in Champaign, Illinois, neben Größen wie Johnny Cash, Tom Petty, Bob Dylan und Neil Young beim „Farm Aid"-Festival, das Country-Ikone Willie Nelson ins Leben gerufen hatte, um Farmern in Not zu helfen. Seit Jahren unterstützt JBJ unzählige Organisationen und gemeinnützige Einrichtungen: die Special Olympics, das Amerikanische Rote Kreuz, die Elizabeth Glaser Pediatric AIDS Foundation, Habitat For Humanity, das Project H.O.M.E., die Tico Torres Children Foundation, die Elton John AIDS Foundation, das Muhammad Ali Parkinson Center und Stop Global Warming. Die Soul Foundation ist Partner der Organisation Habitat For Humanity, die in den letzten Jahren in den USA verschiedene Häuser für Obdachlose errichtet hat, allein 150 in Los Angeles und Umgebung, dazu in Detroit, Philadelphia, Newark, Atlanta und New York City. Außerdem unterstützt Jon das „Veterans Center" in Hoboken, das nach Beendigung ihres Einsatzes oft schwer traumatisierten amerikanischen Kriegsveteranen hilft, wieder in ein geregeltes Leben zurückzufinden. Jon empfindet dies als seine moralische Pflicht.

> **„JBJ Soul Kitchen"-Restaurants:**
>
> 1. 207 Monmouth Street, Red Bank, NJ 07701
> 2. 1769 Hooper Ave., Toms River, NJ 08753
> 3. Robeson Campus, Rutgers University, Newark, NJ 07102

Dr. h.c. Jon Bon Jovi

Jon Bon Jovi hat in seinem Leben nie eine Uni von innen gesehen. Und dennoch brachte es der Rockstar gleich zu drei Ehrendoktorhüten: Gratulation, „Dr. h.c. Bon Jovi"!

Wer sich über Jahre selbstlos für Bedürftige einsetzt und auch regelmäßig selbst mit anpackt, wird im besten Fall dafür belohnt. Für seinen unermüdlichen Einsatz für die gute Sache wurde Jon Bon Jovi die Ehrendoktorwürde zuteil, und zwar gleich drei Mal. Dr. h.c. Jon Bon Jovi! Neben all seinen Awards als Musiker – darunter Grammy, Golden Globe, American Music Award, Brit Award, MTV Video Award, Echo sowie 13 (!) BRAVO-Ottos – hat diese offizielle Auszeichnung einen ganz besonderen Stellenwert für ihn. Bereits 2001 erhielt Jon das „Honorary Doctorate of Humanities" von der Monmouth University, New Jersey. Im Jahr 2015 wurde er mit einem Ehrendoktor der Rutgers University, ebenfalls in New Jersey, für seine großen musikalischen Erfolge und sein starkes soziales Engagement ausgezeichnet.

Ebenfalls 2015 wurde er neben Schauspieler Edward Norton und Wikipedia-Erfinder Jimmy Wales im Hotel du Pont in Wilmington, Delaware, mit dem „Common Wealth Award" ausgezeichnet. Jon befindet sich hier in illustrer Gesellschaft: Zu früheren Preisträgern zählen etwa Erzbischof Desmond Tutu, der ehemalige US-Außenminister Henry Kissinger, Literat Gabriel García Márquez, die Hollywood-Ikonen Meryl Streep und Sidney Poitier, die US-Astronauten John Glenn und Buzz Aldrin, Tierschützerin Jane Goodall und World-Wide-Web-Erfinder Tim Berners-Lee. „Jon Bon Jovis Arbeit, sowohl musikalisch als auch philanthropisch, steht für den Geist Amerikas und die Werte, die unsere Nation definieren", hieß es in der Begründung. „Als Chairman der Jon Bon Jovi Soul Foundation, einer Non-Profit-Organisation, verkörpert er Verlässlichkeit, Optimismus und Gemeinschaftssinn!"

Im Jahr 2016 gab es eine weitere Ehrung: „Zum zehnjährigen Bestehen der ‚Soul Foundation' verlieh mir Bill Clinton den ‚Clinton Global Citizen Award' – darauf bin ich ziemlich stolz", sagte Jon Bon Jovi in einem Interview.

Am 20. Mai 2019 erhielt JBJ dann noch einen weiteren Ehrendoktorhut von der University of Philadelphia, Pennsylvania. Die feierliche Zeremonie fand auf dem Franklin Field in Philadelphia statt. Jons Charity-Arbeit mit der „Jon Bon Jovi Soul Kitchen" wurde von Amy Gutmann, der Präsidentin der Universität, in ihrer Laudatio besonders hervorgehoben. Auf Instagram postete Jon kurz darauf ein Foto, auf dem der Doktor h.c. (honoris causa) stolz seinen Ehrendoktorhut trägt, und scherzte: „It's better to be a Doctor than to be in need of a Doctor!" – „Es ist besser ein Doktor zu sein, als einen zu brauchen!"

Musiker, die auch Ehrendoktor sind:

1. Paul McCartney
2. Bob Dylan
3. Elton John
4. Aretha Franklin
5. Celine Dion
6. Lionel Richie
7. Willie Nelson
8. Billy Joel
9. Stevie Wonder
10. Ed Sheeran

POPULÄRER IRRTUM

Richies Aus

Bei Bon Jovi war Richie Sambora von Beginn an eine treibende Kraft. Genialer Gitarrist, großartiger Backing-Vocalist, kreativer Co-Songwriter – und ein absoluter Fanliebling! 2013 war er plötzlich raus. Ein Irrglaube hielt sich lange unter den Fans: Richie sei von Jon gefeuert worden!

Richie Sambora war 1983 der letzte Musiker, der zu Bon Jovi stieß. Jon und Sambo fanden schnell zueinander und freundeten sich an. Die beiden entwickelten sich zu einem kongenialen Songwriter-Gespann und auf der Bühne harmonierten sie als „Doppelspitze" perfekt – vergleichbar mit Mick Jagger und Keith Richards von den Stones, Steven Tyler und Joe Perry von Aerosmith oder Robert Plant und Jimmy Page bei Led Zeppelin. Wie Jon veröffentlichte auch Richie parallel zu Bon Jovi Soloalben. „Stranger In This Town" (1991) und „Undiscovered Soul" (1998) erhielten gute Kritiken. Er hatte also seine Freiheiten, aber es war immer klar, dass Bon Jovi, die Band, der Hauptjob blieb. Jahre später, im April 2011, mitten während der „Bon Jovi Live"-Tour, fehlte Richie plötzlich bei einigen Gigs, kehrte zurück und war wieder weg. Die Verwirrung, auch unter den Fans, war groß. In der Zwischenzeit war der kanadische Gitarrist Theofilos Xenidis, Künstlername Phil X, für Richie eingesprungen. Die Konzerte mussten ja stattfinden. Im März 2013 stand Richie in der United Spirit Arena in Lubbock, Texas, dann zum allerletzten Mal mit Bon Jovi auf der Bühne, obwohl die „Bon Jovi Live"-Tour noch bis Dezember 2013 andauern sollte. Aber seitens Sambo herrschte plötzlich absolute Funkstille. Hatte Jon schließlich genug von Richies vermeintlichen Eskapaden und ihn nach all den erfolgreichen Jahren gefeuert? Bei einem Interview im Rahmen des Albums „This House Is Not For Sale", dem ersten ohne Richie, sprach der Autor 2016 in London mit Jon Bon Jovi über die „Causa Sambora": „Dass ich meinen langjährigen Partner gefeuert habe, ist

Da war die Welt noch in Ordnung:
Sambo und JBJ gemeinsam auf der Bühne, 2003

ein absolutes Missverständnis", so Jon. „Und deshalb stand ich bei unseren Fans als Buhmann da. Niemand hat Richie gefeuert! Es gab auch keinen Streit. Richie erschien einfach nicht mehr zur Arbeit. Und er meldete sich bei keinem von uns. Er musste in den Drogenentzug – und kehrte nie wieder zur Band zurück. Ich nahm an, er will nicht mehr Teil von Bon Jovi sein, keiner muss ein Leben lang bei der gleichen Band spielen. Das ist ok, seine persönliche Entscheidung. Ich habe seit dreieinhalb Jahren nichts von ihm gehört und ihn schließlich durch Phil X ersetzt, denn mit Bon Jovi musste es weitergehen. Ich hoffe, Richie schafft es, von Drogen und Alkohol wegzukommen."

Zwei Jahre nach diesem Gespräch sollte es zu einem kleinen Happy End kommen …

Ruhmeshalle

„Die schreiben fünfzig Zeilen über unsere Frisuren – und drei Zeilen über unsere Musik", hatte sich Jon Bon Jovi einst über die Zunft der Musikkritiker echauffiert, von der die Band zumindest in den ersten Jahren nie wirklich respektiert wurde. Dabei war Jon immer extrem bemüht um Anerkennung als Sänger und Songwriter. Umso größer war der Triumph für ihn und Bon Jovi, als sie 2017 für die „Rock & Roll Hall of Fame" nominiert – und am 14. April 2018 in Cleveland, Ohio, auch tatsächlich aufgenommen wurden.

Zur Aufnahme Bon Jovis in die „Rock & Roll Hall of Fame" geschah im Frühjahr 2018 Unglaubliches: Die gesamte Bon-Jovi-Familie kam nach langer Zeit wieder zusammen.

Dabei hat diese Ruhmeshalle, die seit 1986 existiert, selbst ein durchaus fragwürdiges Image: „Rock'n'Roll sollte alles sein, außer ein elitärer Club!" Dieser Spruch stammt von Ritchie Blackmore, der mit Deep Purple und Rainbow Rockgeschichte schrieb. Ein Seitenhieb des britischen Weltklasse-Gitarristen gegen jene amerikanische Institution, die sich „Rock & Roll Hall of Fame" nennt und „deren Bedeutung man auch nicht überschätzen dürfe".

Hintergrund der kritischen Anmerkung: Niemand weiß genau, was die Kriterien für eine Nominierung in der „Rock Hall" sind und wie man letztlich zu der Ehre kommt. Fakt ist, dass großartige, einflussreiche Bands und Artists trotz immenser Verdienste (noch immer) nicht in der „Ruhmeshalle" vertreten sind: Motörhead, Thin Lizzy, Slade, Sweet, Rory Gallagher, Bad Company, Uriah Heep, Cher, Pat Benatar, Joe Cocker, Tom Jones, Meat Loaf, Foreigner, Huey Lewis, Billy Idol, Bryan Adams, Iron Maiden, Judas Priest, Blue Öyster Cult, Mötley Crüe und, ja, auch die Scorpions sind nicht drin!

Nach Jons Aufnahme in die „Songwriters Hall of Fame" 2009, war die „Rock Hall" aber auf jeden Fall ein weiterer Meilenstein in

der Karriere, eine Würdigung der sonst von Kritikern alles andere als geliebten Band Bon Jovi. Jon haderte lange damit, von Musikmagazinen wie dem Rolling Stone oder Melody Maker nicht ernst genommen, geschweige denn gewürdigt zu werden. In einem Interview sagte er: „Mein größtes Ziel war immer, anerkannt zu werden und nicht als One-Hit-Wonder zu enden!" Mit unzähligen globalen Charterfolgen und ausverkauften Welttourneen hat er das längst geschafft, er muss sich nichts mehr beweisen.

Die Aufnahme in die „Rock & Roll Hall of Fame", in den erlauchten Kreis, machte die mangelnde Anerkennung vergangener Jahre mehr als wett.

Am Tag der Einführung im April 2018 in der Public Hall von Cleveland kam es zur großen Reunion aller Bandmitglieder: Jon, Drummer Tico Torres, Keyboarder David Bryan, Bassist Hugh

McDonald – und auch der „abtrünnige" Richie Sambora und Bassist Alec John Such, der die Gruppe bereits 1993 verlassen hatte, waren in Cleveland am Start. Die Stimmung war fantastisch! Wie alte Freunde lagen sie sich in den Armen, feierten Wiedersehen und erinnerten sich an ihre glorreichen Zeiten. Ebenfalls eingeladen: wichtige Wegbegleiter wie Songwriter Desmond Child und Chip Hobart, der DJ des New Yorker Radiosenders WAPP, der einst „Runaway" als Erster gespielt und damit den Stein ins Rollen gebracht hatte.

In der Begründung zur Aufnahme der Band hieß es offiziell:

„Bon Jovi haben die Rockhymne der 1980er definiert. Sie haben Arenen ausverkauft und das Publikum in ihren Bann gezogen mit ihren Hits. Ein Gruppe von Teenagern mit Working-Class-Wurzeln, die 1983 in einer kleinen Stadt in New Jersey eine Band gründeten. Ihrem Heimatstaat sind sie so treu geblieben wie Bruce Springsteen und seine E Street Band. Van Halen haben den Weg geebnet für Bon Jovis Hardrock- und Pop-Metal-Sound, genannt Hair Metal. Auch Bands wie Journey und Aerosmith haben sie inspiriert zum Arena-Rock. Bon Jovi haben die Rock'n'Roll-Landschaft verändert und geholfen, Metal in aller Welt noch populärer zu machen …"

Radio-Kult-DJ Howard Stern, der Bon Jovi von Beginn an bei seinem Sender WNBC in New York supportete, hatte schließlich auf der Bühne die Laudatio gehalten. Und Jon, der, umringt von seinen Bandkumpels, als letzter unter frenetischem Jubel ans Mikro trat, begann seine Dankesrede vollkommen überwältigt mit den Worten: „Thank you, thank you, thank you! Ich habe diese Dankesrede schon damals geschrieben, auf der Treppe meines Elternhauses …" Ein langer Kampf um Anerkennung endete letztendlich im Triumph! Und 2019, also genau ein Jahr darauf, war es dann Jon Bon Jovi, der in der „New Jersey Hall of Fame" die Laudatio auf seine frühen Vorbilder Southside Johnny & The Asbury Jukes halten durfte. Damit schloss sich für ihn der Kreis …

Bon Jovi. Eine Zeitreise

John Bongiovi singt seinen 1. Song ein: „R2D2 – We Wish You A Merry Christmas".	**Herbst 1980**
Jon nimmt seinen ersten eigenen Song „Runaway" auf.	**1982**
Bandgründung Bon Jovi. JBJ ist der Einzige, der unter Plattenvertrag steht, die Musiker sind „nur" Angestellte.	**März 1983**
Das Debütalbum „Bon Jovi" erscheint.	**21. 01. 1984**
Erstes Konzert in Deutschland, als Vorgruppe von KISS in Offenbach.	**17. 10. 1984**
Das 2. Album „7800 Fahrenheit" erscheint.	**20. 04. 1985**
„You Give Love A Bad Name" wird veröffentlicht und erreicht die Nr. 1 der US-Charts.	**23. 07. 1986**
Bon Jovi rocken als Opener bei den „Monsters of Rock"-Festivals in Nürnberg und Mannheim.	**30./31. 08. 1986**
Videodreh zu „Livin' On A Prayer" im Olympic Auditorium in Los Angeles.	**17. 09. 1986**
„Slippery When Wet"-Worldtour.	**15.–17.10.1987**
Das Album „New Jersey" erscheint.	**13.9.1988**
„Homecoming Show" im Giants Stadion in New York.	**11. 06. 1989**
„Music & Peace"-Festival in Moskau.	**August 1989**

Januar 1990	Die „New Jersey"-Worldtour endet nach 232 Konzerten in über 20 Ländern.
07. 08. 1990	Jons Soloalbum „Blaze Of Glory" erscheint. Der Titelsong wird ein Nr.1-Hit in den USA und erhält eine Oscar-Nominierung.
1991	Jon Bon Jovi gründet das Plattenlabel „JAMBCO Records" (Jon, Anthony, Matthew Bongiovi Company).
03. 09. 1991	Richies erstes Soloalbum „Stranger In This Town" erscheint.
Oktober 1991	Die Band trifft sich auf der Karibikinsel St. Thomas, um die Zukunft zu besprechen.
30. 10. 1992	Das Album „Keep The Faith" wird veröffentlicht und ein Doppel-Platin-Erfolg.
1994	Bassist Alec John Such steigt aus und wird ersetzt durch Hugh McDonald.
20. 09. 1994	Die Ballade „Always" wird veröffentlicht. Jon widmet sie seiner Frau Dorothea.
27. 06. 1995	Das Album „These Days" erscheint.
17. 06. 997	JBJs 2. Solowerk: „Destination Anywhere".
1999	Bon Jovi liefern den Song „Real Life" für den Soundtrack zu „EdTV".
29. 05. 2000	„Crush" wird veröffentlicht.
Juni 2000	„It's My Life" wird die ZDF-Hymne zur Fußball-EM.
November 2000	Auftritt vor dem Brandenburger Tor in Berlin zum Jubiläum des Mauerfalls.

Das Album „Bounce" erscheint.	**08. 10. 2002**
„This Left Feels Right", ein Akustik-Live-Album.	**04. 11. 2003**
„100.000.000 Bon Jovi Fans Can't Be Wrong" erscheint.	**16. 11. 2004**
Das 9. Studioalbum „Have A Nice Day" erscheint.	**19. 09. 2005**
Die „Have A Nice Day"-Tour spielt 191 Millionen Dollar ein und landet auf Platz 3 nach den Stones und Madonna.	**2006**
Das Album „Lost Highway" ist Country-inspiriert.	**08. 06. 2007**
Die Banddoku „When We Were Beautiful" feiert Premiere.	**April 2009**
Jon und Richie werden in die „Songwriters Hall of Fame" aufgenommen.	**Juni 2009**
„The Circle", Studio-Album Nr. 11, erscheint.	**30. 10. 2009**
Der Konzertfilm „The Circle Tour Live From Jersey" kommt in den USA ins Kino.	**Oktober 2010**
Richie Sambora kündigt eine Auszeit an.	**28. 04. 2011**
Jon: Knie-OP in Dublin nach Kreuzbandriss beim Konzert in Helsinki. Eine Woche Ruhepause.	**01. 07. 2011**
Golden Globe-Nominierung für JBJ für seinen Song „Not Running Anymore" aus dem Al-Pacino-Film „Stand Up Guys".	**2012**
Richies 3. Soloalbum „Aftermath Of The Lowdown".	**Herbst 2012**
Bon Jovi spielen im Madison Square Garden zugunsten der Opfer von Hurrikan Sandy.	**12.12.12**

8.3.2013	„What About Now", 12. Bon-Jovi-Werk und das letzte mit Richie Sambora.
2.4.2013	Richie ist aus „persönlichen Gründen" offiziell bei Bon Jovi raus und wird ersetzt durch Gitarrist Phil X.
21.8.2015	„Burning Bridges", ein Album mit älteren, unveröffentlichten Nummern.
4.11.2016	„This House Is Not For Sale", Album Nr. 14. Produziert in den Avatar Studios, ehemals Power Station Studios.
April 2018	Aufnahme in die „Rock & Roll Hall of Fame". Auch die Ex-Mitglieder Richie und Alec sind bei der Zeremonie dabei.
27.10.2019	Jon Bon Jovi hält die Laudatio auf sein Jugendidol Southside Johnny bei dessen Aufnahme in die „New Jersey Hall of Fame".
2.10.2020	Das 15. Album „2020" erscheint. Aufgrund der Corona-Pandemie muss die Tour abgesagt werden.
30.6.2021	Das Video zu „It's My Life" erreicht bei YouTube eine Milliarde Views!
Juli 2021	Der Konzertfilm „Encore Nights" kommt ins Kino.
21.9.2021	Ivor-Novello-Songwriter-Award für Jon und Richie. Bei der Verleihung in London ist nur Richie am Start …

Das Quiz für echte Bon Jovi-Experten

1. Bon Jovi kommen aus dem US-Bundesstaat New Jersey. Welcher dieser Stars stammt nicht von dort?

a) Bruce Springsteen
b) Frank Sinatra
c) Whitney Houston
d) Neil Young

2. Ihre bisher höchste Chartplatzierung in Deutschland (Platz 2) erreichten Bon Jovi mit welcher Single?

a) It's My Life
b) Bed Of Roses
c) Always
d) Runaway

3. Für wen schrieb der schwedische Komponist Max Martin („It's My Life") keinen Hit?

a) Backstreet Boys
b) Rednex
c) Guns N' Roses
d) Celine Dion

4. Welches Tattoo ziert Jon Bon Jovis linken Oberarm?

a) Rose
b) Batman
c) Superman
d) Bon Jovi

5. Wie lautet der Spitzname von Richie Sambora?

a) Sambo
b) Samba
c) Sabbo
d) Sabby

6. Bei welcher Band drummte Tico Torres früher?

a) Franke & The Knockouts
b) Tom Petty & The Heartbreakers
c) Huey Lewis & The News
d) Gloria Estefan & The Miami Sound Machine

7. Ex-Bassist Alec John Such verdiente seine Brötchen früher als ...

a) Zahnarzt
b) Schuhverkäufer
c) Juwelier
d) Busfahrer

8. Welcher Musikgigant ist das große Vorbild von Keyboarder David Bryan?

a) Little Richard
b) Frédéric Chopin
c) Wolfgang Amadeus Mozart
d) Jon Lord (Deep Purple)

9. Bassist Hugh McDonald stieß 1994 zu Bon Jovi. Wann wurde er offizielles Bandmitglied?

a) 1994
b) 2000
c) 2016
d) nie

10. Gitarrist Phil X, geboren als Theofilos Xenidis, ist griechischer Abstammung. Wo kam er 1966 zur Welt?

a) Griechenland
b) Chile
c) Litauen
d) Kanada

11. Welche Band trat im August 1989 nicht neben Bon Jovi u.a. beim „Moscow Music & Peace"-Festival auf?

a) Led Zeppelin
b) Gorky Park
c) Scorpions
d) Cinderella

12. Wo lernte Jon seine zukünftige Ehefrau Dorothea Rose Hurley 1980 kennen?

a) im Autokino
b) im Eiscafé
c) an der High School
d) beim Rollerskaten

13. Jon hat mit Dorothea vier Kinder. Es sind …

a) drei Jungs und ein Mädchen
b) vier Jungs
c) drei Mädchen und ein Junge
d) zwei Jungs und zwei Mädchen

14. Wie heißt der legendäre Manager von Bon Jovi?

a) Dog MacGee
b) Doc McGhee
c) Doc Maggi
d) Doug Mackey

15. Jon Bon Jovi war im „Nebenjob" einst Besitzer welches US-Sport-Teams?

a) New Jersey Devils (Eishockey)
b) Philadelphia Soul (Football)
c) Atlanta Hawks (Basketball)
d) Chicago White Sox (Baseball)

16. Richie Sambora spielte vor Bon Jovi in einer Band namens The Message und schaffte es mit ihr immerhin ins Vorprogramm von …

a) Simon & Garfunkel
b) Dolly Parton
c) Joe Cocker
d) Udo Lindenberg

17. David Bryan wurde in einer Stadt in New Jersey geboren, die nach einem berühmten Erfinder benannt wurde, der dort ab 1876 wirkte ...

a) Einstein
b) Roentgen
c) Diesel
d) Edison

18. Mitte der 1980er engagierten die Scorpions die damaligen Newcomer Bon Jovi als Vorgruppe für ihre US-Tour. Zu welchem Album?

a) Love At First Sting
b) Crazy World
c) Lovedrive
d) In Trance

19. Wie hieß das Studio in Manhattan, in dem Jon Bon Jovi einst als Laufbursche jobbte?

a) Power Station
b) Sound City
c) Sanctuary
d) Electric Ladyland

20. Was geschah im Jahr 2018?

a) Jon Bon Jovi wurde zum 4. Mal Vater
b) Richie Sambora stieg aus der Band aus
c) Bon Jovis Aufnahme in die „Rock & Roll Hall of Fame"
d) Das Album „This House Is Not For Sale" erschien

Quiz-Lösungen

1d, 2a, 3c, 4c, 5a, 6a, 7b, 8c, 9c, 10d, 11a, 12c, 13a, 14b, 15b, 16c, 17d, 18a, 19a, 20c

Zitate

*„Jon ist immer noch da. Seine Musik hat
den Test der Zeit bestanden. Gut für ihn!"*
  (Nikki Sixx, Mötley Crüe)

*„Ich habe Jon Bon Jovi von Beginn an supportet. Als er sein
neues Album bei einem anderen Radiosender vorstellte, war ich
sauer. Aber alles vergeben, wir sind längst wieder Freunde!"*
  (Howard Stern, US-Radio-DJ)

*„Frauen bestimmen mein ganzes Leben: meine Mutter,
meine Frau, meine Tochter, meine Assistentin.
Ich werde nicht mit ihnen streiten. Frauen regieren die Welt."*
  (Jon Bon Jovi)

„Ein Mann kann nicht genug Gitarren haben – und Sonnenbrillen."
  (Richie Sambora)

*„Wenn wir auf der Bühne Spaß haben,
haben auch die Fans ihren Spaß. Ganz einfach!"*
  (Tico Torres)

*„Glaube an Liebe, glaube an Magie, glaube an den Ni-
kolaus. Glaube an andere, glaube an dich. Glaube an
deine Träume. Wenn du es nicht tust, wer dann!?"*
  (Jon Bon Jovi)